고민의 답

글배우 지음

고민 앞에서 잠시 멈춘

소중한 _____ 님께 보냅니다.

울어도 바뀌지 않는 일은
이겨내기로 했다.

목차

2부 고민의 답_평온

3부 고민의 답_사랑

프롤로그

책상을 열어보니 어릴 적 사진이 있었다. 아무 고민 없는 듯 웃고 있었지만 그때의 나는 분명 어떤 고민을 가지고 있었을 것이다. 초등학생 때부터 유독 생각이 많았다. 중·고등학생 때는 내성적인 성격으로 잘 어울리지 못했고 운동선수가 되기 위해 선수부 운동을 했지만 남들보다 뛰어나게 잘하지도 못했다. 시간이 흘러 20대가 되었고 20대 때는 20대에 맞는 고민이 생겼다. 그리고 30대가 되자 30대의 고민을 마주하게 되었다.

앞으로도 고민은 계속 있을 것이다. 그리고 해결하기 어려운 고민을 만나기도 할 것이다. 내가 아무리 잘하려고 해도, 그리고 무언가를 잘 해낸다 해도 지금이 지나면 또 그때에 맞는 고민이 찾아온다. 어느 시간에 서 있든 빨리 가려고 해도 또 조금 느리게 가고 싶다고 해도 삶의 시간은 계속 똑같이 흐른다. 중요한 건 내 마음이다. 마음이 어떤가에 따라 똑같이 시간이 흘러도 그 시간이 견딜만하기도 하고, 그 시간이 단 1초도 견디기 어려워지기도 한다. 또 마음이 평온할 때면 내게 주어진 시간이 더없이 소중하게 느껴지기도 한다.

만약 지금 나를 괴롭히는 어떤 고민을 만났다면 지금 당신에게 필요한 건 고민을 평온하게 풀어나갈 수 있는 마음이다. 그 시간이 존재한다면 세상에 존재하지 않는 완벽한 정답이 아닌 당신만의 답을 찾아낼 것이다.

그러나 마음이 불안하면 고민의 시간은 나를 아무것도 할 수 없게 만든다. 답을 찾아가기 위해서는 흔들리지 않는 마음이 필요하다.

책에는 평온한 마음을 찾아갈 수 있는 방법과 어려운 고민의 길을 먼저 잘 지나간 사람들의 이야기를 담았다. 당신이 고민을 말하면 이 책이 답해주기를 바란다.

'고민의 여정 중인 당신에게'

글배우

하나의 질문이,
별이 없는 밤에 별이 되어 준다.

행복하지 않다고 말하기 이전에,
행복할 수 있는 길을 찾아봐야 한다.
그 길을 찾게 해주는 단 하나의 질문을
계속해야 한다.

나는 어떻게 하면 행복할 것인가?

스스로에게 행복을 묻는 질문이 필요하다.

그 질문이 깜깜한 길에서
길을 잃지 않게 해준다.

별이 없는 밤에
별이 되어 준다.

그렇게 계속 질문하는 사람만이
고민을 지나 행복을 찾을 수 있다.

1부 고민의 답_열정

열정은 또 다른 열정을 만든다

고민의 답

살다 보면 마음처럼 되지 않은 상황을 만날 때 고민이 찾아옵니다. 원하는 것이 있지만 그것을 선택할 자유가 없다고 생각될 때 원치 않은 상황에서 어떻게 해야 할지 모를 때 마음은 괴로워집니다.

그럼 다시 방향을 찾아 노력하지만 노력이 잘되지 않을 때면 더 큰 괴로움이 찾아옵니다. 예를 들어 사랑하는 사람과 원치 않게 이별하게 되어 마음을 되돌리기 위해 노력했지만 되돌릴 수 없다는 걸 알게 될 때, 경제적으로 자유롭지 못한 상황에서 자유를 갖기 위해 열심히 노력했지만 원하는 만큼 결과가 돌아오지 않을 때, 배우자의 말투로 상처받아 말투를 바꾸기 위해 노력했지만 계속 상처 되는 말을 할 때, 인간관계가 어렵게 느껴져 진심을 다해 노력했지만 오히려 더 멀어질 때, 고민은 다르지만 원치 않은 상황을 만나 노력했지만 마음처럼 되지 않을 때 더 큰 괴로움이 찾아옵니다.

그때 고민하게 됩니다.
'어떻게 하면 괴로운 마음에서 벗어날 수 있을까?'

고민의 답을 지금부터 이야기하려고 합니다.

만약 원치 않은 상황을 만나도 크게 힘들지 않다면, 노력한 뒤에 마음처럼 되지 않는 상황에서도 크게 괴롭지 않다면 어떨까요? 그럼 인생에서 괴로운 순간은 줄어들고 마음이 편한 순간이 자주 찾아올 겁니다.

마음이 편안해지면 생기가 나고 활력이 생깁니다. 활력이 있으면 주어진 일을 미루지 않고 척척 해낼 수 있게 되고 무슨 일을 하든 능률도 오릅니다. 능률이 오르면 자신감이 생겨 여러 가지 새로운 시도를 하게 되고 다양한 경험을 통해 지혜가 쌓여 마주한 고민을 풀어나가는 데 도움이 됩니다.

그래서 인생에서 얼마나 마음이 자주 평온한가는 중요합니다. 고민의 답은 원치 않은 상황에서 마음의 평온을 지켜나갈 수 있느냐입니다.

우리는 마주한 일이 꼭 원하는 대로 돼야 행복하다고 생각하지만 그렇지 않습니다. 그때만 행복할 수 있다고 생각하면 마음처럼 안 되는 일은 너무 많고 그럼 그때마다 내내 화가 나 있어야 하고 괴로워야 합니다.

마주한 문제가 있다면 열심히 노력해서 문제를 풀어나가세요. 원하는 방향을 정해 노력하고, 노력했지만 원했던 방향처럼 안 되면, 다른 방향을 찾아 고민하며 계속 원하는 삶을 만들어가세요.

그리고 그 과정에서 행복할 수 있는가가 중요합니다.
아래 당신의 고민을 적어 보세요.
편안한 마음으로 고민을 풀어갈 수 있는 방법을 소개하려 합니다.
지금 어떤 고민을 안고 있나요?
저는 예시로 많은 사람이 하는 고민을 남겼습니다.

* 어려운 인간관계
* 연인과의 원치 않은 이별
* 불확실한 나의 기준
* 내 선택에 대한 불안감
* 멀게만 느껴지는 목표
* 특정인의 말투로 인한 상처

* 꾸준하지 못한 끈기

* 심한 감정 기복과 예민함

* 실패로 인해 낮아진 자존감

* 경제적 자유

그 외 어떤 고민을 적어도 됩니다. 당신의 고민은 무엇인가요?

나의 고민 _____

이러한 고민을 한마디로 한다면 내 마음처럼 되지 않는 상황입니다.

그다음은 어떻게 하면 좋을까요? 우선 생각의 힘이 필요합니다. 마주한 고민을 어떻게 하면 좋을지 생각해보고 생각한 방향을 시도해보는 겁니다. 그래도 원하는 만큼 좋지 않다면 다시 방향을 찾아 시도해보고 그래도 잘 안 되거나 좋지 않다면 다시 방향을 생각해보면서 내 마음이 평온할 수 있는 접점을 계속 찾아 나가면 됩니다.

그런데 그렇게 해야 하는 걸 머리로 알아도 마음처럼 안 되는 상황을 만나면 괴롭고 선택지를 다시 찾아 나아가기가 어렵습니다.

잘 모르는 문제를 풀어가는 과정이 너무 힘들게 느껴지고 불확실한 시간을 지나는 게 어렵습니다. 선택이 틀렸을까 봐, 내가 하는 시도가 잘 안 될까 봐 시도하지 못하고 제자리에서 같은 생각만 하며 망설이게 됩니다. 왜 그런 걸까요? 그 이유를 예를 들어 설명해보겠습니다.

어떤 사람이 컵을 깼습니다. 어떻게 하면 좋을까요?

처음에는 생각의 힘이 필요합니다. 어떻게 할지 생각해보고 치워야겠지요. 청소기를 사용하든 테이프를 사용하든 상황에 따라 범위에 따라 생각해보고 치웁니다. 그리고 그렇게 해보고 잘 안 치워지면 다시 방법을 생각해보고 치웁니다.

그렇게 컵을 깬 상황을 시작으로 어떻게 치울지 생각해보고 치워나가면 됩니다. 그럼 지금 컵을 깬 사람의 청소 방법이 가장 현명하고 좋은 방법이며 100% 옳은 방법이라고 할 수 있을까요? 아닙니다. 다른 사람은 더 좋은 방법을 알고 있을 수도 있고 더 빨리 잘 치울지도 모릅니다.

여기서 중요한 건 원치 않은 상황을 만난 뒤 여러 시도를 하면서 내가 원하는 방향을 찾아 나아간 것입니다.

이번에는 다른 두 번째 사람이 컵을 깼습니다. 그 사람은 좌절합니다. '내가 왜 컵을 깼지?', '내게 왜 이런 일이 생겼지?' 너무 화가 납니다. '내가 컵을 깨지 않기 위해 그동안 얼마나 노력했는데.'라는 생각부터 컵을 깨지 않기 위해 '얼마나 조심했는데.'라는 생각까지 애쓴 마음들이 떠오릅니다. 내게 왜 이런 일이 일어났는지 용납이 안 되며 '내가 뭐가 문제일까?' 계속 생각하고 자책하며 두려움에 사로잡힙니다. 그리고 어떻게 치울지 방법을 생각해 보지만 자신의 방법이 가장 옳은 방법이 아닐까 봐, 틀릴까 봐, 후회할까 봐 걱정하며 선택하지 못하고 원치 않은 상황을 만난 지금 이 순간을 너무 힘들어합니다.

지금은 컵을 깨서 힘든 게 아니라 내가 나를 힘들게 하고 있는 것입니다. 내가 그렇게 행동하지 않아도 되는데 그럴 수밖에 없다고 생각해 괴로워하고 있는 것입니다. 내가 나를 불안하게 만들고 있는 것입니다. 시간이 갈수록 두 번째 사람은 평온함을 찾기 점점 어려워집니다.

그럼 두 번째 사람은 왜 그렇게 행동하는 걸까요?

잘해야 한다는 마음이 큰 사람이어서 그렇습니다.
자신에게 엄격한 사람이어서 그렇습니다.
자신이 옳다고 생각하는 어떤 틀이 지켜져야 한다는 생각이
강한 사람이어서 그렇습니다.
그래서 자신이 원치 않은 상황을 만나면 힘들어집니다.
잘하지 못한 순간을 만나면 크게 좌절하고 힘듭니다.

그럼 두 번째 사람은 이렇게 말할 수 있습니다.

잘해야 한다는 마음이 커야 성공하고 인생을 잘 살 수 있는 게 아니냐고, 원하는 것을 더 많이 가질 수 있는 게 아니냐고.

아닙니다. 원하는 것을 갖기 위해서는 열심히 노력해가는 게 중요하지 원치 않은 상황에서 더 많이 불안해하고 더 많이 괴로워한다고 능률과 실력이 오르는 것이 아닙니다. 물론 단기적으로 스스로를 힘들게 하는 마음과 자책이 잠시 어떤 노력을 만들어낼 수는 있지만 이러한 방식이 계속되다 보면 나중에 아무것도 하고 싶지 않고 도망치고 싶은 마음만 듭니다. 그리고 행복하지 않습니다.

마음의 평온을 유지해야 더 잘 살아갈 수 있습니다. 잘해야 한다는 마음이 지나치게 강하면 마음의 불안이 생기고 불안은 진동을 만들고 현재에 집중할 수 없게 만듭니다. 일, 인간관계, 사랑, 사회생활 등의 상황에서 내 마음처럼 되지 않는 순간에 많은 스트레스를 받게 됩니다.

첫 번째 컵을 깬 사람처럼 마주한 문제를 편안한 마음으로 해결해 나갈 수 있다면 평온하게 자신만의 답을 찾아 나갈 수 있게 됩니다.

그러나 내가 원치 않은 상황에서 컵을 깬 두 번째 사람처럼 행동한다면 나는 왜 그렇게 반응하게 되는 걸까요? 예를 들어 보겠습니다.

잠시 눈을 감고 상상해 보세요.

사과나무 앞에 한 아이가 있습니다. 아이가 사과를 따려 하는데 나무가
너무 높아 따지 못하는 것 같습니다.

혼자 딸 수 없다는 생각에 아이는 누군가를 기다리네요.
저녁이 되고 해가 많이 졌는데도
아이는 나무 앞에서 계속 누군가를 기다립니다.
이제 집에 들어갔으면 좋겠는데
아이는 계속 누군가를 기다리고
아무도 오지 않습니다.

한참 늦은 새벽이 돼서야 아이는 엉덩이를 털고 일어납니다.

그리고 그날 다짐합니다.

......

'이제는 아무도 기다리지 않아.'
'나 혼자 힘으로 해내야 해.'
'기다려도 아무도 오지 않아.'

......

그렇게 아이는 커서 기댈 곳이 없다고 생각하고 혼자 힘으로 해내야 한다고 생각합니다. 그리고 혼자이기 때문에 잘해야 한다는 생각이 강해집니다. 자신은 사과를 따야만 행복할 수 있다고 생각하고 사과를 따지 못하는 상황이 괜찮을 수가 없습니다. 마음처럼 되지 않는 상황에서 마음은 얼어붙고 추운 겨울이 됩니다. 아이는 어른이 되면서 삶이 힘들어집니다. 어릴 때는 자신의 마음이 얼어붙을 때면 그 모습만 사람들에게 감추면 되었는데 크면서 점점 사과나무를 따고 못 따고의 모습으로 사람들에게 평가받게 됩니다. 사과를 따지 못하는 자신을 용납할 수 없고 따지 못할 때면 마음은 너무나 불안하고 힘듭니다.

여기서 사과는 자신이 바라는 상황, 자신이 바라는 목적, 자신이 바라는 목표입니다.

다시 눈을 감아 보겠습니다.

이번에도 사과나무 앞에 한 아이가 앉아 있습니다.
아이는 사과를 따기 위해 노력하지만 사과는 잘 따지지 않습니다.
아이는 혼자서 할 수 없다는 걸 알고 누군가를 기다립니다.
그러나 시간이 지나도 아무도 오지 않습니다.

아이는 집으로 돌아갑니다.

그리고 집에 돌아와 투정을 부립니다.

"아, 왜 아무도 안 왔어요? 얼마나 기다렸는데, 진짜 좀 쉬고 싶었는데. 아, 몰라요." 약간의 투정을 부리고 소파에 눕습니다. 그리고 그날 따듯한 저녁을 먹으며 낮에 있었던 일을 이야기 합니다. 그럼 그날 사과나무를 따지 못한 사실이 아이에게 별로 큰일이 되지 않습니다.

그리고 아이는 다음날 또 사과를 따러 갑니다. 따지 못한 날은 집으로 돌아옵니다. 그렇게 자연스럽게 시간이 지나 키가 크고 노력한 만큼 딸 수 있는 사과가 생기면 기뻐합니다. 아이는 그러한 방식으로 문제를 풀어가며 성장하게 됩니다.

첫 번째 아이와 두 번째 아이의 차이는 마음의 안도가 있느냐, 없느냐 입니다.
나의 지난날의 환경은 어땠나요?
마음의 안도가 있었나요?
아니면 마음의 안도를 느낄 새 없이 어른이 되어야 했나요.

인생에서 중요한 건 사과나무 앞에서 사과를 따느냐 못 따느냐가 아닙니다. 사과를 따고 싶다면 따기 위해 노력하면 됩니다. 못 딸 수도 있지만 그게 인생의 전부는 아닙니다. 따고 싶다면 노력하고, 방법을 찾고 싶다면 방법을 찾고, 따지 않고 행복할 수 있는 방법을 찾아도 좋습니다. 사과를 따는 사람이 아닌 사과나무를 심는 사람이 돼도 됩니다. 다른 방법을 찾아 도전해보면 됩니다.

하지만 그렇게 생각할 수 있기 위해서는 마음에 안도가 있어야 합니다. 벼랑 끝에 매달려 있는 사람에게 '그 손을 놔도 돼.' 즉 '안 매달려도 돼.'라는 말은 전혀 와 닿지 않습니다. 안도할 수 있는 환경을 만들어줘야 마음에 안도가 생기고 안도를 바탕으로 다음 행동들을 차분히 해나갈 수 있는 겁니다.

안도해야 한다 생각하는 것과 진짜 안도가 있는 건 다릅니다.
당신에게는 지금 안도가 있나요?
아니면 벼랑 끝에 매달려서 안도할 수 없는 마음인가요.

마음의 안도를 갖고 살아가는 것 그게 진짜 행복입니다. 그게 모든 고민의 답입니다. 그래야 첫 번째 컵을 깬 사람처럼, 두 번째 사과나무 앞 아이처럼 삶의 문제를 대하게 되고 보다 편안한 마음으로 원하는 방향을 찾아 자연스럽게 자신의 색으로 성장하게 됩니다.

안도를 타인으로부터 받을 수도 있지만 스스로 만들 수도 있습니다.

마음의 안도를 만드는 방법은 이렇습니다.

오늘부터 마음에 작은 사과나무를 심는 것입니다.

만약 당신이 평소 8시에 일어나는데 일주일 동안 매일 7시에 일어나는 것을 목표로 정해보세요. 그럼 목표를 이루는 동안은 일어나는 게 귀찮기도 하고 힘들 수도 있지만 어느 정도의 의지로 지키지 못할 정도의 힘든 일은 아닐 것입니다. 그렇게 일주일이 지나 목표를 다 지켜내면 마음에 안도가 생길 겁니다.

그러한 일상의 안도감들이 내가 벼랑 끝이 아니라고 생각하게끔 편안한 마음을 갖게끔 도와줄 겁니다.

마주한 어려운 일은 풀어나가세요.
그리고 작은 사과나무도 꼭 심으세요.
나의 의지로 지킬 수 있는 안도를 느끼세요.
그럼 사람들은 질문합니다.
당장 안도를 느끼기 위해 어떤 작은 나무를 심어야 하죠?

나에게 지금 필요한 것을 채워 나가세요.

예를 들어 어떤 사람은 안 먹던 영양제를 알람을 맞추고 일주일간 하루에 두 번씩 빼먹지 않고 먹기로 목표를 정합니다. 귀찮을 때도 있지만 노력한다면 지키지 못할 어려움은 아닙니다. 그리고 일주일 동안 꼬박 목표를 지켜내면 안도가 생깁니다.

어떤 사람은 청소를 잘하지 못합니다.
매일 아침 8시에 한 달간 청소하는 습관을 가지기로 합니다.
한 달이 지나 목표를 해냈을 때 안도가 생깁니다.

위의 예시는 아주 간단한 예입니다.
나에게 필요한 것을 채우며 자연스럽게 성장하세요.

지금 내 삶에 놓인 높은 사과나무는 안도가 아닙니다. 불안입니다.
물론 어쩔 수 없이 높은 사과나무의 사과를 따기 위해 노력해야 할 때도 있고 스스로가 원해서 급성장하기 위해 높은 곳의 사과를 따는 것을 목표로 해야 할 때도 있습니다. 그게 나쁘다는 것이 아닙니다. 그러나 그것만 삶에 있으면 불안만 존재하게 됩니다. 벼랑 끝에 서 있는 기분이 자주 듭니다.

마음에 작은 안도도 심으세요. 그래야 불안 뒤에 안도가 있고 안정감을 갖고 다시 불안을 마주할 수도 있습니다. 이렇게 마음이 순환돼야 스트레스가 줄어들고 평온한 마음을 지켜낼 수 있습니다. 마음이 한쪽으로 쏠리지 않고 균형을 잡는 것은 중요합니다. 그래야 자연스럽게 성장할 수 있습니다.

자연스러운 성장이란 인생에서 원치 않은 비가 올 때 비가 오는 게 인생의 전부라 생각해 좌절하지 않는 것입니다. 비가 오면 비가 오는 상황에서 할 수 있는 걸 하고, 비가 지나갈 거라 믿고 지나가고 난 뒤 또 할 수 있는 걸 하며 성장을 해나가는 것입니다.

평온함

평온함은 세상에서 강한 마음이고
어떤 고민도 풀어나갈 수 있는 고민의 답이라 생각합니다.

불안했던 자신의 마음을 이해하고
벼랑 끝에 서 있는 마음이라면 조금씩 걸어 나올 수 있게
안도를 만들어갈 수 있었으면 좋겠습니다.

이 책을 끝까지 읽어보겠다는 작은 사과나무를 심어보세요.

그리고 마지막 페이지를 넘길 때 마음에 안도와
평온이 찾아오기를 바랍니다.

당신이 존재하기에 기대할 수 있는 내일이 존재한다.
당신이 존재하기에 앞으로 이겨나갈 수 있는 시간도 존재한다.
당신이 존재하기에 사랑이 존재하고
당신이 존재하기에 더 괜찮은 날들이 존재한다.
당신이 존재하기에 행복할 수 있는 날들이 존재한다.

당신이 지금은 괜찮지 않더라도
앞으로 삶의 모든 좋은 순간은 당신을 위해 존재한다.

3가지 습관을 고치면 좋은 일이 찾아온다

늘 나만 되는 일이 없어 불행하다고 생각하는 사람이 있었다. 주변 사람들에게 위로받았지만 큰 위로가 되지 않았다. 내가 뭐가 문제인지 정확히 알고 싶어 독설을 듣더라도 정신을 차리고 싶었다. 평소 엄한 분이지만 존경하는 은사님을 찾아가 고민을 말했다.

"저만 되는 일이 없고 불행한 것 같아요. 문제가 있다면 정확히 듣고 고치고 싶어요."

은사님은 말했다.
"너에게는 안 좋은 3가지 습관이 있어."

첫째, 노력하지 않고 바라는 게 너무 많아. 노력하지 않고 바라는 게 많아서 결국에는 되는 일이 없다고 생각해. 왜 되는 일이 없을까? 그건 될 만큼의 노력을 하지 않아서야. 네가 힘든 것과 노력하는 건 별개야.

작은 돌도 오래 들고 있으면 무겁고 힘들어. 그러니 너의 힘듦에만 집중하면 아무 노력도 제대로 할 수 없어. 길을 가는데 큰 돌이 막고 있는 거야. 그 길을 꼭 지나가야 해. 그럼 어떻게 해야 할까? 돌을 들어 올리든, 넘어가든, 도구를 이용해 파내든 노력을 해야 할 거야.

돌을 지나가고 싶은데 지나갈 수 있기를 바라고만 있으면 인생에 되는 일이 없다는 생각이 들 거야. 물론 너는 나름 노력했다고 생각할 수도 있어. 그런데 돌을 지나갔니? 아니야. 결론은 똑같아. 돌을 지나갈 만큼 노력을 하지 않은 거야. 제대로 노력하지 않은 거야. 그걸 인정해야 달라질 수 있어.

행복도 마찬가지야. 행복하지 않다면 행복하기 위해 노력해야 해. 누군가를 탓하는 건 정말 쉬워. 그런데 탓하는 게 네 인생에 어떤 도움이 될까? 아무런 도움이 되지 않아.

탓하지 말고 노력을 해야 해. 어떻게 하면 마주한 벽을 지나갈 수 있을지 고민을 해야 해. 노력해도 안 된다면 지나갈 만큼의 노력이 필요하다고 생각해야 해.

둘째, 힘들면 자꾸 도망치려는 습관이 있어. 힘들 때마다 자꾸 도망치면 나중에 제대로 할 수 있는 건 아무것도 없어. 그럼 인생에서 좋은 건 하나도 갖지 못하게 돼. 왜냐하면 이 세상에 놓인 좋은 것은 모두 힘든 시간이 지나가야만 만날 수 있는 거거든.

도망치지 마. 도망치고 나서 다시 처음부터 시작하려고 하면 네가 하려고 했던 일은 너를 기다려주지 않을 거야.

소중한 사람과 연애를 잘하고 싶고 예쁜 사랑을 하고 싶니? 그럼 노력을 해야 해. 힘들다고 자꾸 도망치고 피하지 마. 힘들다고 헤어지면 모두가 헤어져야 하거든. 누구나 힘든 순간이 있어. 힘들어도 노력해야 해. 그래야 그 뒤에 더 좋은 순간을 만들어 갈 수 있어.

물론 노력해도 달라질 게 없다 생각 든다면 언제든 포기해도 좋아. 그러나 적어도 노력은 해봐야 해. 무섭다고 피하면 인생에서 달라지는 건 아무것도 없고 매일 힘들고 무섭다고 말하는 모습밖에 남지 않아.

셋째, 자신을 좀 믿어. 네가 지금 상황이 안 좋다면 네 탓이 얼마나 있겠니. 인생을 잘 살고 싶어 가장 많이 노력한 사람이 너인데 그런 네게 탓이 있으면 얼마나 있겠니.

자신을 믿어줘. 네가 다 잘못해서, 전부 문제여서 안 좋은 상황이 온 게 아니야. 너의 실수가 있을 수 있겠지만 어쩔 수 없는 상황도 있어. 그러니 네가 너를 믿어줘. 믿어야지만 힘든 시간을 지나갈 수 있거든.

"인생을 살아가는 게 쉽지는 않아. 왜냐하면 정말 별의별 일들이 다 있거든. 분명 지금 가장 힘든 순간이라 생각했는데 시간이 지나 더 큰 힘듦이 찾아오기도 하거든. 지금 어떤 모습이든 자신의 나이까지 삶을 잘 버텨온 사람들은 모두 대단한 사람이란 생각이 들어. 그러니 앞으로 여러 가지 힘듦을 넘어갈 너를 대단하게 바라보고 존경해주면 좋을 것 같아."

현명한 사람이 되세요.
나의 감정에 휘둘리지 않고
상대방의 감정에도 휘둘리지 않는
중심을 잡을 수 있는 사람

정해진 것도 없고
내가 정해나갈 수 있습니다.

좋은 일을 많이 상상하세요.
상상한 만큼 닮아가고 변해가니까요.

싫은 일을 만났을 때는
내가 어디까지가 괜찮고
어디까지 괜찮지 않은지
말할 줄도 알아야 합니다.

좋은 습관을 반복하세요.
습관이 몸에 배이면
좋은 기회가 찾아오고
좋은 선택을 할 수 있게 됩니다.

내가 원하는 대로 백프로 되는 일은
없더라도
나는 백프로 자신감을 가지고
살아가세요.

남의 시선보다 중요한 내 인생

아는 여동생은 24살에 자판기 사업을 해 한 달에 1,000만 원 이상의 수입을 법니다.

동생에게 물었던 적이 있습니다.

"24살이면 한창 꾸미고 싶을 텐데 매일 비슷한 바지와 티셔츠를 입고 음료수를 실은 트럭을 몰면 남들 시선이 신경 쓰이지 않니?"라고.

동생은 말했습니다.

"나는 남의 시선이 전혀 중요하지 않다고 생각해. 3가지 이유가 있어."

첫째, 그들이 나를 먹여 살리지는 않아. 나를 좋게 보든 좋게 보지 않든 나는 먹고살아야 하고 잘 먹고 잘살고 싶었어. 그렇게 생각하니 남들의 시선이 전혀 중요하지 않더라고. 내가 나쁜 일을 하는 것도 아닌데 내 일만 잘한다면 남들이 나를 어떻게 보든 상관없다고 생각했어. 물론 초창기에는 대학교나 내 또래가 많은 곳에 허름한 복장으로 갈 때면 남들의 시선이 신경 쓰이기도 했어. 그런데 그럴 때일수록 일을 잘하는 모습으로 인정받고 싶었어. 음료수 사업을 하는 거니까 제때에 음료수가 떨어지지 않게 사람들 기호에 맞는 음료수를 잘 준비하고, 사업적으로는 어느 지점에 어떤 자판기를 두면 더 매출이 오를지를 고민했어.

내가 잘하고, 나만의 실력이 생기면 나중에는 누구든 나를 인정해주지 않을까 생각했어.

둘째, 남의 시선을 의식할 여유가 없었어. 시선을 의식하다 보면 정작 하고자 하는 일에 100% 최선을 다 할 수 없더라고. 정말 모든 걸 내려놓고 일에만 집중할 때 길이 보이기 시작했어. 물론 나중에 내가 정말 사업이 더 잘된다면 조금은 마음의 여유를 갖고 싶기도 해. 쉬는 날은 좋아하는 옷도 사고, 맛있는 음식도 먹고, 좋은 데도 놀러 가고. 그런데 내가 지금 잘되지 않으면 그런 게 다 무슨 소용이 있을까 싶었고 좋은 미래를 위해 현재가 준비되지 않는다면 나중에 내가 하고 싶은 걸 할 기회도 없다고 생각했어.

사람들이 욜로를 말하기도 하잖아? 그런데 나는 그 욜로를 좋게 생각해. 내가 생각하는 욜로는 그날그날 마음의 평화를 위해 노력하는 사람이거든. 그런데 나는 내 사업이 잘될 때 가장 마음이 편하더라고. 오늘 사업이 잘되면 기대할 수 있는 내일의 좋은 모습은 늘어나니까. 어떤 선배가 나한테 내가 경제적 수입을 올리는 걸 보고 이렇게 물어봤어.

나도 그 일을 하고 싶은데
새벽에 일어나는 게 힘들지는 않아?
트럭을 모는 게 불편하지는 않아?
좋은 지점을 찾는 게 어렵지는 않아?

그래서 선배에게 말했어. 선배는 하지 말라고. 왜냐하면 그런 마음이면 아무것도 못 한다고. 새벽에 힘들어도 당연히 일어나야 하고, 트럭을 모는 게 때론 불편해도 당연히 해야 하고, 좋은 지점을 찾는 게 어려워도 어떻게든 찾을 각오가 돼 있으면 그때 하라고 했어.

모든 일이 그런 것 같아. 영어 점수를 올리고 싶다면 영어 점수를 올리기 어려운 이유를 생각하는 게 의미가 있을까? 영어 점수를 올릴 각오가 돼 있는지를 확인하는 게 더 중요한 것 같아. 사실 나는 요즘 밤에는 영어 공부를 하거든. 물론 낮에 일하고 피곤해서 집중이 안 될 때도 있지만 더 집중할 수 있는 방법을 연구해 조금씩 실력이 느는 것 같아. 이렇게 생각하니 못 할 일이 없겠더라고. 그에 따른 어려움은 분명 있지만 하고 싶은 일이 더 많아졌어. 하고 싶은 일이 없는 건 어려움 앞에서 자꾸 타협하는 습관 때문인 것 같아.

타협하다 보면 결국 제자리거든. 제자리에 있기보다는 노력이 불편하고 어려워도 시도하다 보면 그 노력에 맞게 내가 변하고 내가 변함으로써 좋은 성과도 따라오게 되는 것 같아.

셋째, 남의 시선을 의식하고 맞춰주나, 의식하지 않고 맞춰주지 않나 어차피 똑같더라고. 이건 인간관계에 대한 이야기인데 처음에는 사람들을 많이 맞춰주고 좋은 관계를 유지하는 것이 삶에서 필요하다고 생각했는데 맞춰주다가도 한번 맞춰주지 않으면 인간관계는 안 좋아 질 수 있더라고. 그럼 애초부터 내 생각과 다른 사람의 생각을 맞춰주기 위해 노력하는 게 의미가 없다고 생각했어. 물론 기본적인 예의는 지켜야 겠지만 내 마음도 잘 지켜야 한다 생각했고 그래서 어차피 맞춰주나 맞춰주지 않나 똑같다면 소신껏 삶을 나아가기로 생각했어. 결과적으로 나의 생각과 같은 사람들은 함께하게 되고 아닌 사람들은 멀어지더라고.

"지금 만약 다른 사람의 부정적인 시선을 생각하느라 힘들어하고 있다면 시선에서 벗어나 내가 살고 싶은 삶을, 좋아하는 삶을 열심히 살면 좋을 것 같아. 잠시의 좋은 시선으로 마음이 좋을 수도 있고 잠시의 안 좋은 시선으로 마음이 안 좋을 수도 있겠지만 어차피 잠시뿐이고 대신 내가 원하는 것을 삶에서 계속 얻을 수 있다면 계속해서 행복할 수 있을 테니까."

남의 시선 그거 하나도 안 중요해.
그냥 소신껏 살고 싶은 삶을 살아.

3년만 고생하면 인생이 바뀐다

어느 청년이 있었다. 회사가 자신과 맞지 않는다 생각하여 퇴사했지만 마땅히 뭘 해야 할지 몰라 고민했다. 그러던 중 작은아버지와 대화를 나누게 되었다. 청년의 작은아버지는 10명의 직원이었던 회사를 100명으로 일궈낸 경험이 있었다.

청년이 물었다.

"앞으로의 인생이 불안해요. 뭘 해야 할지도 모르겠고. 어떤 걸 먼저 시작해야 할지 모르겠어요."

그러자 작은아버지는 "지금부터 마음을 단단히 먹고 무엇이든 3년만 시간을 투자해라. 무엇이든 좋다. 대신에 꼭 끝까지 해야 한다. 포기하더라도 3년은 지나서 그만둬야 해. 그럼 너는 앞으로 뭐든지 해낼 수 있을 거야."라고 말했다.

청년은 말했다. "그런다고 뭐가 달라지나요? 제 주변에는 회사를 3년 다니다가 그만둔 친구도 있고 3년간 개인 사업을 하다가 그만둔 친구도 있어요. 3년이 중요한가요?"

이에 작은아버지는 "그럼, 3년은 중요하단다. 더 정확히 말하면 3년 동안 어떤 마음으로 사느냐가 정말 중요하단다. 3가지 이유가 있어."라고 답했다.

첫째, 인생에는 누구나 기회가 찾아온다. 그러나 그 기회가 1년, 2년째 찾아오지는 않아. 그 이유는 경험이 부족해 기회가 와도 기회인지 모르고 그냥 흘려보내거든. 그러나 3년 정도의 경험이 쌓이면 다가온 일이 기회인지 아닌지 그만둬야 할지 말지 정확히 판단할 수 있게 돼.

그 정확한 판단이 그 어떤 빠른 판단보다 인생을 실패 없이 올바른 길로 가게 도와줄 거야. 무엇을 해야 할지 모르는 이유는 간단해. 아직 많이 안 해봤기 때문이야. 많이 경험하다 보면 무엇을 해야 할지 말지가 자연스럽게 보이거든. 일단 경험부터 해봐야 해. 3년간 어떤 일이든 무슨 일이든 좋아. 인생을 바꾸기에 충분한 시간이거든.

둘째, 3년간 무엇을 하느냐보다 어떤 태도로 임하느냐가 훨씬 중요하단다. 살면서 나에게 꼭 맞는 일이 몇 개가 될 것 같니? 하다못해 내가 좋아하는 사람이더라도 나에게 꼭 맞는 사람은 없단다. 일도 마찬가지야. 좋아서 할 때도 있고, 하기 싫을 때도 있고, 책임감 때문에 할 때도 있단다. 나에게 꼭 맞는 일만 찾아서 하려고 하면 그런 일은 없어.

좋아하는 일을 찾기 위해서는 뭐든지 열심히 해봐야 한다. 그래야 내가 계속 열심히 하고 싶은 일인지 알 수 있어. 그게 중요한 거야. 열심히 할지 말지 먼저 정하지 말고 우선 3년간 최선을 다한 뒤에 노력의 결과를 보고 정해도 늦지 않아. 처음에 하기 싫었던 일도 결과가 좋으면 계속 노력하고 싶어지거든.

셋째, 시간 적금을 들어라. 예를 들면 이런 거다. 네가 오늘부터 하루에 1시간씩 영어 공부를 매일 하면 3년 뒤에는 지금보다 무조건 능숙하게 영어를 잘 할 수 있을 거다. 보장이 되는 거야. 그걸 시간 적금이라고 하는데 시간 적금이 없는 사람은 시간이 지나도 제자리인 경우가 많아. 스스로는 노력했다고 생각하는데 크게 달라지지 않는 노력인 거지. 사람은 누구나 앉을 때 다르고 일어섰을 때 마음이 다르다. 계속 앉아 있으면 앉아 있는 게 힘들고 서 있으면 서 있는 게 힘들다. 그러니 지금은 힘들다고, 열심히 했다고 생각하지 말고 미래를 위해 가장 현실적인 시간 적금을 드는 거지.

"3년 뒤의 모습을 생각했을 때 기분이 좋아지려면 현재의 노력이 3년 뒤까지 이어져야 해.

그러니 생각해 보면 좋다. 나는 3년 뒤에 원하는 모습이 있는지.

거기에 맞게 현재를 준비해 나간다면 그게 현재의 시간을 가장 가치 있게 쓰는 방법이 아닐까 싶어."

사업에 실패하고 머리를 짧게 민 적이 있었다.
머리가 자라는 데 1년이 걸렸고
1년이 지난 후, 1년 전과 비교했을 때
나는 완전히 다른 사람이 되어 있었다.

생각해보면 짧게 머리를 밀어서가 아니라
소중한 머리를 밀 정도의 각오로 1년을 보낸 덕분이었다.

마음가짐이 정말 중요하다.
만약 정말 간절한 마음으로 시간을 쏟는다면
인생은 충분히 변할 수 있다.

한번뿐인 30대를 잘 보내는 방법

20대 후반의 여성이 40대의 지인과 대화를 나누었다.

"30대가 걱정 돼요. 해 놓은 게 없는 것 같고 아직 해보고 싶은 게 많은데 시간이 너무 빠른 것 같아요. 한 것도 없이 나이만 먹게 될까 봐 걱정돼요. 부지런해야 하는 건 알지만 마음처럼 쉽지 않아요. 앞으로 적어도 남들만큼은 평범하게 살고 싶은데 그게 가장 어려운 것 같아요. 어떻게 하면 30대를 잘 보낼 수 있을까요?"

지인은 말했다.
"30대를 잘 보내는 방법은 3가지가 있는 것 같아."

첫째, 경력을 쌓고 싶은 일이 있어야 해. 20대 때는 다양한 시도가 중요하지만 30대 때는 경력을 쌓아갈 수 있는 일이 필요하거든. 경력이 쌓일수록 40대, 50대를 안정적으로 보낼 수 있게 돼. 한두 번 하고 끝낼 일이 아닌 설사 당장 돈을 많이 벌지 못하더라도 나만의 커리어를 쌓을 수 있는 일이 필요하다고 생각해. 일을 할 때 20대 때는 열정을 높이 보지만 30대 때는 숙련됨을 중요하게 보는 것 같아.

둘째, 결혼을 할지 말지는 너의 자유지만 연애를 하든 결혼을 하든 오랫동안 함께 할 사람을 만나야 해. 옆에 마음이 맞고, 서로 챙겨주고 응원해주는 사람이 있다는 건 정말 중요해.

20대 때는 친구도 많이 만나고 새로운 사람들과도 만날 기회가 많지만 30대 때는 한정적인 사람들만 만나게 되고 새로운 사람들과 만날 기회는 줄어들거든. 그리고 나만의 커리어를 만들어 가느라 20대처럼 친구를 많이 만나기도 어려워. 쉴 수 있는 시간은 한정적이고 나에게 쓸 수 있는 시간도 한정 돼. 그래서 사람을 만날 수 있는 시간도 많지 않고.

그래서 옆에 누가 있는가가 정말 중요해. 만나고 나면 힘을 얻게 되고 인생을 더 잘 살고 싶은 마음과 힘을 주는 사람을 만나야 해. 만약 만나는 사람이 매일 나를 힘들게 하고 스트레스 준다면 관계를 빨리 끝내고 싶다는 생각이 들고 그런 생각을 오래 갖게 되면 30대를 잘 보내기 어려워져.

셋째, 건강을 잘 챙겨야 해. 20대 때와 다르게 체력이 현저히 떨어져. 금방 피곤해지고 무언가를 열심히 하고 싶지만 금세 피로가 몰려오기도 해. 체력이 좋지 않으면 집중이 잘되지 않고 마음은 잘하고 싶어도 실제로 잘하기 어렵거든. 체력을 관리해야 해. 20대 때는 쉬고 나면 금방 회복되었지만 30대 때는 쉬어도 피로가 잘 풀리지 않아. 그래서 많은 것을 다양하게 시도하기가 점점 어려워져.

"하지만 30대가 되면서 좋은 점도 있어. 내가 나와 지내는 게 더 편해져. 나를 더 잘 알게 돼. 모든 상황에 무리하게 힘을 쓰려하지 않고 힘을 써야 할 때 힘을 쓰고 마음을 써야 할 때 마음을 쓰게 돼. 20대 때는 잘 몰랐던 길이 30대가 되고 나서야 조금씩 보이고 안정감이 생겨. 나를 잘 데리고 살기 위한 방법들을 터득해 나가게 되는 거지. 30대에 쌓아둔 것이 40대, 50대에 빛을 발할 거야.

30대는 인생에서 가장 많은 성장을 하는 시기거든. 위의 이야기가 앞으로를 준비하는 데 좋은 방향이 되면 좋겠어. 완벽한 30대를 보낼 수는 없겠지만 그래도 돌이켜 봤을 때 후회 없는 시간을 보낼 수 있으면 좋겠어."

어른의 현실적인 꿈도 나쁘지 않다.
눈에 보이는 현실을
하나씩 꿈으로 만들어 갈 수 있으니까.

작은 소품을 좋아하는 걸로 바꾸거나
좋아하는 시간에, 좋아하는 커피를 마시거나

그게 아니면

당장은 어려워도
좋아하는 집으로 이사를 목표 하거나
새로운 자격증에 도전해보거나
하루쯤, 시간내 처음 가보는 길을 걷거나

어떤 것이든
눈치 보지 않고
자유롭게
현실의 시간을 꿈으로 바꿔 갈 수 있다.

월 소득 5,000만 원을 버는 사람들

월 소득 5,000만 원 이상인 10명을 인터뷰한 적이 있습니다. 그들에게 동일한 하나의 질문을 던졌고 모두에게 비슷한 답을 들을 수 있었습니다.

"월 소득을 한두 번이 아닌 꾸준히 높게 유지할 수 있었던 비결이 무엇인가요?"

그들은 답했습니다.
"3가지 비결이 있었습니다.

첫째, 과감히 더 성장할 수 있는 분야에 돈을 사용했습니다. 돈을 아끼거나 절약하는 데 집중하기보다는 잘 쓰는 데 더 집중했습니다.

*저는 미용실을 운영합니다. 그럼 제 자신을 가꾸는 데 투자했습니다. 단순히 예쁜 외모를 위해서가 아니라 저희 미용실을 찾아오는 분들에게 저의 실력뿐만 아니라 제가 전달하고자 하는 미용실 분위기와 저의 이미지까지 하나의 브랜드로 만들어 선물하고 싶었습니다. 이곳에 오면 느낄 수 있는 분위기, 센스 등을 차별성으로 보여주고 싶었습니다.

많은 고객을 만나는 일이기에 시선과 마음을 사로잡는 게 중요했고 그래서 다른 사람들에게 어떻게 보일까를 많이 고민했습니다. 전하고자 하는 이미지를 좋아하는 고객들이 생기기 시작할 때 사업이 잘됐습니다. 저희만의 색깔은 다른 곳과 차별화 되어 한번 방문하면 또 찾아오고 싶은 이유가 됐습니다.

결과가 좋지 않을 때는 원하는 결과를 만들기 위해 과정이 충분했는가를 고민했습니다. 손님이 없다면 손님이 올 만한 과정을 만들었는가를 고민했습니다. 원치 않은 결과를 만날 때마다 나를 바꾸니 많은 것이 바뀌었습니다. 그러나 생각을 닫을 때는 아무것도 바뀌지 않고, 앞으로도 아무것도 바뀌지 않을 거란 불안함이 찾아왔습니다. 나를 바꾸는 게 중요했고 바꾸고 싶은 부분에 과감히 투자했습니다.

*저는 운동선수입니다. 적은 연봉일 때도 항상 좋은 컨디션을 유지하는 데 비용을 많이 썼습니다. 남들은 돈을 모을 때 저는 더 좋은 배트

를 사고 더 좋은 공을 사고 몸을 더 챙기며 항상 기분 좋은 마음으로 운동하고 좋은 컨디션을 유지하기 위해 노력했습니다. 몇몇 선후배들은 저의 행동을 보고 사치라고 했지만 저에게 투자한 만큼 반드시 더 노력했습니다. 당시 경제적으로 어려운 저에게는 제게 하는 투자가 더 노력할 수밖에 없는 이유가 되었습니다.

　*저는 전업 부동산 투자자입니다. 운전할 때 피로감이 적은 좋은 차를 샀습니다. 다른 사람에게 보여주기 위해서가 아니라 하루에 12시간 이상씩 운전할 때가 많아 피로감으로 판단력이 흐려지지 않기 위해 한 투자입니다. 좋은 매물이 나오면 빠르게 판단하여 선택해야 합니다. 좋은 컨디션으로 그만큼 더 많은 곳을 돌아다니며 짧은 시간 안에 원하는 분야에 시야를 넓힐 수 있었습니다.

　둘째, 무슨 일을 하든 항상 아쉬움을 남기지 않기 위해 노력했습니다. 어떤 사람들은 그것을 "최선을 다한다."라고 말하기도 하더라고요. 하고자 하는 일에 뒤돌아서서 아쉬움이 남았다는 건 결국 해야 할 때 최선을 다하지 않았다는 것과 같다고 생각했습니다. 뒤돌아서서 다시 생각해도 이만큼 열심히 할 수 없다는 생각이 들 만큼 매 순간을 노력했습니다.

　지금 주어진 시간에 집중하지 못하면 나중에는 아무것도 할 수 없다고 생각했습니다. 매 순간이 내게 주어진 마지막 기회라 생각하며 순간을 소중히 대했습니다. 삶에서 찾아오는 기회란 내가 열심히 하기로 마음먹은 그 순간이라 생각했습니다.

셋째, 항상 멀리 보고 선택하기 위해 노력했습니다. 당장 앞만 보고 선택한다면 감정에 치우쳐 일을 그르치게 되는 경우가 많았습니다. 감정적인 선택은 시간이 지나 후회로 남았습니다. 맞지 않는 선택지에 저를 억지로 맞추지 않고 미련 없이 떠나보냈습니다. 맞는 선택지가 오기를 기다렸습니다. 기다리는 동안 나만의 차별점을 만들기 위해 노력했습니다.

"가만히 있으면 기회는 찾아오지 않습니다. 기회를 찾기 위해 부지런히 움직일 때 생각하지 못했던 행운이 찾아왔습니다. 스스로 행운을 만들 수 있는 사람이 되기를 응원합니다."

뭐든 처음이 가장 어렵고
노력의 시간은 끝이 보이지 않는다.

안정되었다 마음을 내려놓는 순간
위기가 찾아온다.

잘해야 한다 생각 들 때
잘 해내기 어려운 이유가 찾아오고

안 좋은 습관은 고치는 데 오래 걸리지만
좋은 습관은 정신을 바짝 차리지 않으면
쉽게 잃어버린다.

그래서 인생이 어렵다.

그러나 어려워도
가고 싶은 길이 분명 있다.

내가 좋아하는 길이기 때문이다.

좋아하는 길 앞에 서 있다면
심호흡을 크게 하고
계속 가보자.

그 길이 이어져 한번도 가보지 못한
새로운 길이 되고

뒤돌아봤을 때
나만의 멋진 길이 완성되어
있을 거라 믿는다.

게으름을 이겨내고 꾸준히 노력하는 방법

무엇이든 열심히 할 때는 열정적으로 하지만 우울할 때면 금세 무기력해지는 사람이 있었다. 열정적인 마음을 일관성 있게 유지해서 좋은 성취를 이루고 싶었지만 마음과 다르게 행동은 늘 감정을 따라갔다. 기분이 좋으면 활력이 넘쳐 더 열심히 하게 되고 우울해지면 아무것도 하기 싫어져서 하고자 하는 노력을 꾸준히 하지 못했다. 그러던 중 지인의 소개로 수영선수를 알게 되었다. 수영선수는 4계절 내내 훈련을 쉬지 않았다. 마음이란 게 우울할 때도 있고, 하기 싫을 때도 있고, 어떨 때는 포기하고 싶을 때도 있을 텐데 매일 똑같은 시간에 꾸준히 운동하는 모습을 보며 부럽기도 하고 닮고 싶은 마음이 들어 어떻게 그럴 수 있는지 물어보게 되었다.

그러자 수영선수는 말했다.

"어릴 적 우리 집이 가난했거든. 그때 깨달은 건 시간이 곧 돈이란 거야. 부모님은 아침부터 저녁까지 정말 열심히 일하셨어. 그런데 우리집은 계속 가난한 거야. 그래서 생각해 봤지. 책에서는 열심히 살고 꿈을 포기하지 않으면 성공하고 부자가 된다는데 우리 집은 왜 가난할까. 그 이유를 조금 더 커서 알게 되었어. 시간 대비 벌게 되는 부모님의 소득보다 생활에 나가는 지출이 더 많았던 거야. 그렇다고 지출이 다른 집에 비해 월등히 많았던 것도 아니야. 단지 부모님 소득이 다른 집보다 시간 대비 적었던 거지. 그때 깨달았어. 아, 시간이 곧 돈이 되기도하는구나. 그리고 실력이 곧 돈이구나. 물론 돈이 인생에 전부는 아니지만 적어도 가난하고 싶지 않았거든.

그래서 시간을 관리하는 데 집중하기로 했어. 나의 대부분의 시간을 실력을 쌓는 데 집중했어. 그런데 이러한 생각을 가지고 노력해도 실력이 쌓이지 않는 거야. 나중에 그 이유를 알게 되었어. 내가 어느 날은 열심히 했지만 어느 날은 피곤해서 운동을 쉬었고, 칭찬받거나 인정받은 날은 두 배로 열심히 했지만 아무도 나를 바라봐 주지 않을 때면 우울해져 연습하기 싫어 제대로 하지 못했어. 그때 깨달은 건 내 감정을 컨트롤할 수 없다면 앞으로 주어진 시간을 잘 쓸 수 없겠다는 거야. 시간을 원하는 방향으로 잘 사용하는 사람보다 실력을 잘 쌓기 어렵고 시간대비 소득을 늘릴 수 없겠다는 생각을 하게 되었어.

물론 사람마다 겪는 경제적 어려움에는 여러 가지 이유가 있을 수 있다고 생각해. 다만 나는 내 실력이 부족하다는 이유로 적은 소득을 벌기는 싫었던 것 같아. 그래서 내 마음과 감정을 다스리기 위해 노력했어. 무조건 매일 바쁘게 살고 열심히 노력하고 훈련해야 한다는 생각에서 벗어나 감정을 컨트롤하는 데 먼저 집중했어. 감정을 컨트롤하기 위해 노력했던 방법은 간단해. 일상에서 나와의 작은 약속을 무너지지 않게 지켜나가는 거야.

* 하루 5km 걷기

* 영양제 챙겨 먹기

* 정해진 시간에 일어나기

* 정해진 시간에 자기

* 핸드폰 오래 보지 않기

* 1시간 독서와 명상하기

* 바른 자세로 앉기

작은 약속을 지켜나가니 놀랍게도 내 마음을 지킬 수 있게 되었어. 통제력과 자제력을 갖게 된 것 같아. 신기하지? 생각만으로는 줄어들지 않던 온갖 부정적인 생각과 감정이 작은 행동을 꾸준히 지켜나감으로써 줄어들 수 있다는 게. 현재의 노력을 원하는 방향으로 통제할 수 있게 되고 주어진 시간을 다스리게 되면서 미래를 바꿔 주었어. 그렇게 마음을 컨트롤하고 꾸준히 노력을 유지하며 실력을 쌓아올 수 있었던 것 같아. 게을러지는 마음으로 무기력해진다면 한번에 많은 변화를 생각하지 말고 조금씩 작은 것부터 약속을 지켜나간다면 활력을 다시 찾을 수 있을 거라 믿어."

좋은 순간은 빨리 지나가고
힘든 순간은 천천히 지나간다.

힘든 순간은 오래 남고
행복한 순간은 오래 기다려도
찾아오지 않을 때가 있다.

하지만 모든 것이 순간

어떤 순간에도 무너지거나
너무 아쉬워할 필요 없다.

순간은 흘려보내고
다가올 순간을 준비하자.

놓쳤던 순간은 잊고
놓치지 말아야 할 순간을
잃어버리지 말자.

멋있는 어른이 되는 방법

한 살 한 살 나이가 들면서 '내가 잘살고 있는 걸까?'라는 고민을 갖게 된 여성이 있었다.

평소 롤 모델로 생각하는 선배에게 물었다.
"나이에 맞게 성장한다는 건 어떤 걸까요?"

그러자 선배는 말했다.
"멋있는 어른이 되려면 3가지 노력이 필요한 것 같아."

첫째, 다른 사람에게 피해 주지 않기 위해 노력하는 거야. 피해 주지 않기 위해서는 편한 것만 하며 살 수 없어. 원래 내가 해야 할 일이라고 하면 힘들어도 해야 하는 거야. 예를 들어 돈을 모으기로 마음먹었다면 힘들어도 돈을 열심히 모아. 편한 대로 다 쓰면 나중에 돈이 없고 급할 때 주위 사람의 돈을 빌려올 수밖에 없어. 긴박하고 중요한 순간이라고 하면 선택의 여지가 없겠지만, 돈을 빌리지 않을 기회는 지금 있어. 지금부터 편한 대로 쓰지 않고 열심히 돈을 모으고 잘 관리하면 돼. 그러니 나중에 불편한 상황을 줄이기 위해 지금 편한 것만 쫓으면 안 돼.

둘째, 감정을 다 표현하지 않는 거야. 화가 난다고 매번 화를 내거나, 기분 나쁘다고 기분 나쁜 티를 다 내거나, 내가 좋다고 상대방의 마음은 생각하지 않고 너무 적극적으로 다가가지 않는 거야. 감정을 다 표현하고 싶겠지만 다 표현하지 않는 게 배려야. 그 누구도 내 감정을 다 받아주어야 하는 사람은 없으니까. 그래서 성숙한 사람은 말보다 행동으로 옮겨.

기분 나쁜 일이 있으면 잠시 거리를 두고 어떻게 풀어갈지 생각하고, 화가 나면 자신만의 방식으로 화를 다스리고, 좋아하는 사람이 있다면 상대방의 마음이 부담스럽지 않게 천천히 다가가.

셋째, 슬픔을 슬픔으로 끝내지 않는 거야. 예를 들어 시험에 떨어져서 슬프다면 아이는 어른이 방향을 잡아줄 때까지 계속 슬퍼하지만 어른은 슬픔을 슬픔으로 끝내지 않고 다음에 똑같은 상황을 만들지 않기 위해 새로운 방향을 찾아가.

슬픔이 슬픔으로 끝나면 계속 슬퍼야 해. 슬픈 일을 만났다면 조금씩 다른 행복을 찾아가는 거야.

앞으로 슬프지 않게

앞으로 외롭지 않게

앞으로 더 행복할 수 있게

"나이를 먹으며 누구나 세월의 흔적으로 겉모습은 어른이 되지만 진짜 어른은 겉모습뿐만 아니라 그에 맞는 행동을 갖춘 사람이야. 어른으로 인정받는 사람은 늘 다른 사람보다 더 많이 생각하고 더 많이 자신을 돌아보고 더 좋은 모습을 고민하는 사람이야."

울어도 바뀌지 않는 일은
이겨내기로 했다.

어쩔 수 없는 일이 찾아왔다면
받아들일 것이다.
대신 문제를 분석하고
두 번 다시 같은 실수를 반복하지 않을 것이다.

내가 한 행동에 책임을 지고
조급함을 내려놓을 것이다.

불확실한 목표에 나아가지 않고
확실한 목표를 세울 것이다.

해야 하는 일이라면
누구보다 성실하게 할 것이다.

하고 싶은 일이 생겼다면
꿈꿨던 만큼 노력할 것이다.

똑같은 기회는 오지 않을 거라 생각하며
기회를 소중히 대할 것이다.

피하고 싶은 일을 만났다면
때론 피할 것이다.
대신 피하지 말아야 할 일에
더 힘을 쏟을 것이다.

괴로움을 극복하기 이전에
충분히 괴로워 할 것이다.
지금 괴로워하지 않는다면
나는 괴로운 마음을 평생
감추며 살아야 하기에
그건 가장 괴로운 일이 될 수 있다.

힘들 때는 고개를 숙이지 않고
앞을 바라볼 것이다.
그래야 앞으로 다가올 좋은 일도
볼 수 있기 때문이다.

시간의 힘을 믿고
늦었다 생각했던 일을 시작할 것이다.
오늘 시작하지 않으면
앞으로도 시작할 수 없기 때문에

월급에만 의존해서 살아간다면

직장을 다니는 후배에게 선배가 말했다.

"월급에만 의존해서 살아가면 안 돼. 회사는 너의 행복을 책임져 주지 않아. 물론 회사가 너에게 일한 대가를 지불하고 미래를 계획할 수 있게 월급을 주는 건 맞지만 행복을 전부 책임져 주지는 않아. 너의 행복은 스스로 책임져야 해.

행복하기 위해 앞으로 네가 무엇을 하고 싶은지 알아야 해. 집을 사고 차를 사고 노후를 준비하는 게 인생에서 하고 싶은 전부는 아닐 거야. 물론 그것도 쉬운 일은 아니지만 인생 전체를 봤을 때 네가 앞으로 무엇을 하고 싶고 어떤 삶을 살고 싶은지 알아야 해.

열심히 달리는 거북이가 있다고 치자. 열심히 하는 건 좋지만 어디로 가는지조차 모르면 열심히 달리는 건 더 이상 중요하지 않아. 꾸준함과 성실함이 있다고 해도 가야 할 목적지를 모르고 간다면 행복감을 느낄 수 없어. 그래서 방향을 찾아야 하고 자신과 맞는 방향을 찾는 데는 3가지 방법이 있어."

첫째, 다른 사람의 삶을 많이 들여다보는 거야. 책이든 유튜브든 강연이든 사람들의 이야기를 듣고 다른 사람의 삶을 많이 바라보다 보면 네가 하고 싶은 일이 생길 거야. 그럼 조금씩 그 삶을 만들어가는 거야. 네가 가진 성실함과 꾸준함을 믿고.

둘째, 조급하게 생각하지 않는 거야. 일주일 동안 끝내기 어려운 공부를 3년 안에는 끝낼 수 있다는 걸 알아야 해. 그래야 무엇이든 시작할 수 있어. 중요하게 생각하는 어떤 일을 조급한 마음으로 빨리 끝내야 한다 생각하면 끝까지 하기 어려워. 빨리 끝내지 못하는 순간 마음이 힘들어지고, 뒤처졌다는 생각에 자신의 속도를 의심하다가 결국 방향까지 의심하게 돼. 그럼 더 나아가고 싶지 않을지 몰라. 무엇이든 조급함을 내려놓고 시작해야 해. 게을러지라는 게 아니라 열심히 하되 너의 성장할 수 있는 시간을 일주일, 한 달, 일 년처럼 짧게 정하지 않고 더 길게 바라보는 거지. 그래야 앞으로 할 수 있는 일이 더 많이 보이고 불안한 마음을 이겨낼 수 있어.

셋째, 잘하고 싶은 일이 잘 안될 때는 될 때까지 한다는 강한 마음도 필요해. 한번 마음이 섰다면 될 때까지 해보는 거야. 그러다 보면 몰랐던 걸 알게 되고 성장하는 네가 보일 거야.

중요한 건 지금 갖고 있는 실력이 아니라
앞으로 쌓아가게 될 실력이야.

시간을 낭비한다는 건 시도했는데
잘 안되거나 실패한 게 아니다.
할 수 있는 일들을 하지 않고 바라만 본 것이다.

어제보다 높은 자신의 기록을 세우는 것

1년에 한 번씩 열리는 사내교육에서 한 신입사원이 용기 내어 임원에게 질문했다.

"높은 연봉을 받기 위해서는 어떻게 해야 하나요?"

그러자 임원은 말했다.

"연봉은 회사가 곧 내게 측정하는 업무 수행 능력의 값입니다. 5가지를 지키면 높은 연봉을 받을 수 있습니다."

첫째, 회사에 모든 걸 바치지 않는 것입니다. 회사에 모든 걸 바치면 자기 계발할 시간이 줄어듭니다. 당장은 상사의 눈에 좋게 보일지 모르지만 장기적으로 봤을 때 나를 계발할 시간이 없는 하루는 아무런 발전을 가져다주지 않습니다. 왜냐하면 세상은 너무 빠르게 변하고 배울 건 넘쳐나기 때문입니다. 배움이 멈춘 채 같은 일만 반복하면 나중에는 다른 사람에게 뒤처질 수 있습니다. 근무 시간에 집중해서 일하고 내가 일하는 분야와 연계된 공부를 많이 하세요. 그 공부가 당장에 성과가 없어도 쌓이고 쌓여 남들과 다른 실력을 만들어 냅니다.

둘째, 한 가지를 오래 해야 한다는 생각을 버리세요. 연봉이 높은 사람이 꼭 한 회사에 오래 있는 사람은 아닙니다. 오랫동안 과장에서 머무르는 사람이 있고, 오랫동안 부장으로 머무는 사람도 있고, 그 전에 그만두는 사람도 있습니다. 중요한 건 무언가를 오래 하는 게 아니라 나와 맞는 분야를 찾아 오래 하는 것입니다. 그래야 잘할 수 있기 때문입니다. 그 잘함을 많은 사람이 인정해줄수록 연봉은 높아집니다.

셋째, 내가 받는 스트레스를 당연히 생각하지 마세요. 장기적인 스트레스는 어떤 일이든 하기 싫게 만듭니다. 스트레스받고 있다면 원인을 찾아 꼭 해결해야 합니다. 직장 내 사람으로 인해 스트레스를 받고 있지만 그 사람을 당장 바꿀 수 없다면 너무 많은 마음을 주지 말아야 합니다. 내가 해야 할 일만 열심히 하면 됩니다. 지금 같이 일하는 사람이 앞으로 계속 같이 일하지 않습니다. 잠시 같이 일할 뿐입니다. 사람으로 인해 너무 스트레스받지 마세요. 결국 모두 지나가는 사람들입니다.

넷째, 나의 실수에 엄격해질 필요가 있습니다. 모르는 건 배우려 하고 실수는 줄여 나가야 결국 원하는 실력을 갖추게 됩니다. 그건 무조건 무언가를 오래 한다고 되는 것도 아니고 무조건 많이 일한다고 되는 것도 아닙니다. 올바른 방향을 생각하고 신경 써서 일해야 실수를 줄여 나갈 수 있습니다. 그래야 시간이 지나 수많은 노력이 당신의 손을 들어줍니다. 누구나 실수할 수 있습니다. 하지만 실수가 반복되면 결국 손해 보는 건 나입니다. 아무리 열심히 하고 많은 일을 해도 잦은 실수를 한다면 인정받기 어렵습니다. 실수를 고치기 위한 노력을 지금 하지 않는다면 나는 내게 진짜 필요한 노력을 하고 있지 않는 것일 수 있습니다. 부담감을 내려놓고 꼼꼼히 하는 데 더욱 집중해보세요. 오랫동안 실수를 하지 않는 것만으로도 많은 사람에게 일을 잘하는 사람으로 인정받게 될 것입니다.

다섯째, 예의를 갖추세요. 억지로 좋은 사람이 되려 하거나 어떤 특별한 사람이 될 필요는 없습니다. 그런 모습을 누군가는 좋아할 수 있지만 누군가는 부담스러워할 수 있습니다. 다가오는 사람이 있으면 대화를 나누고 멀리 있는 사람이 있으면 자연스럽게 그냥 두면 됩니다. 누군가 다가오고 멀어지는 것에 너무 신경 쓰지 마세요. 다만 모든 사람에게 예의를 갖추는 건 필요합니다. 그렇게 한다면 어떤 상사는 당신의 한두 번의 실수는 충분히 이해하고 넘어갈 겁니다. 그건 당신이 실수 앞에서도 예의 바른 사람이기 때문입니다. 예의 바른 사람이 되기 위해서는 성실하고 세심하게 다른 사람에게 예의를 갖춰야 합니다. 한 번만 예의를 갖추는 건 쉽지만 꾸준히 예의를 갖추는 건 어렵습니다. 말 한마디, 행동 하나 조심해야 하기 때문입니다. 그러나 다른 사람에게 예의 있는 사람이라고 인정받았다면 당신은 언제나 성실하고 세심하게 최선을 다하는 사람으로 인정받은 것과 마찬가지입니다.

"위의 5가지 기준은 사실 어떤 일을 하든 기본입니다. 하지만 가장 지키기 어려운 것이기도 합니다. 당장 노력한다고 해도 눈에 띄는 성과가 생기는 것은 아니기 때문입니다. 그러나 꾸준히 노력한다면 같이 일하는 사람들로부터 가장 큰 신뢰를 얻게 될 것입니다. 그 모습이 쌓여 시간이 지나면 연봉을 높여줄 것으로 생각합니다.

어제보다 높은 자신의 기록을 세우는 것,
그것을 인생에서는 자신과의 싸움이라고 합니다.
당장 주목받지 못하더라도 내일의 원하는 목표를 위해 달리세요.
그 시간을 지나 자신과의 싸움에서 이겨낸 사람은
원하는 성장을 이룰 수 있을 거라 생각합니다."

끝까지 노력하는 사람이 이긴다.
그것은 인생 전체를 뜻한다.
인생은 끝까지 가봐야 알 수 있다.
사람마다 피는 시기가 다르다.

전문가라 불리는 사람들의 특징

자기 분야에 뛰어난 실력을 갖추고 프로의식을 갖춘 사람을 전문가라고 합니다. 전문가라 불리는 사람들의 특징은 일과 삶이 따로 분리되어 있지 않습니다. 일이 삶이 되고 삶이 곧 일을 닮아가면서 그 일을 하기에 가장 적합한 사람이 됩니다. 누구와도 대체될 수 없는 사람이 됩니다.

누군가는 그들의 일과 삶이 구분되지 않는 모습을 안타까워하기도 하지만 그렇지 않습니다. 처음부터 그들은 스스로 전문가가 되기를 선택한 사람들입니다. 그래서 전문가가 아니었을 때도 전문가처럼 몰두하고 하루의 리듬을 전문가처럼 만들고자 노력해 목표를 이룬 사람들입니다. 스스로 원했던 삶을 만들어낸 프로의식을 갖춘 사람들입니다.

전문가들의 특징이 있습니다.

첫째, 언제 어디서든 원한다면 해야 할 일에 집중합니다. 때론 잠들기 전까지 일을 생각하기도 합니다. 문제를 만났다면 '어떻게 더 잘할까?', '어떻게 더 좋아질 수 있을까?', '지금 내 속도는 어떤가?' 등 많은 고민을 합니다. 자신만의 성공 방식을 찾아 성장한 사람들이기 때문입니다. 그리고 버거울 때는 과감히 생각의 전원을 끕니다. 그동안의 경험들로 컨디션이 좋지 않으면 아무리 오래 생각해도 좋은 생각이 떠오르지 않는다는 걸 압니다.

충분히 쉬고 나서 생각을 잇습니다. 그들은 모든 문제를 섬세하게 바라봅니다. 섬세하게 다가가고, 섬세하게 풀어가며, 섬세한 변화를 만들어 냅니다. 그렇게 뛰어난 실력이 생기면 처음에는 10시간을 해야 끝낼수 있던 일을 한 시간 만에 끝낼 수 있게 되고, 이전보다 더 많은 개인 시간을 갖게 되고, 자기의 발전을 위해 더 많은 시간을 쓸 수 있게 되며, 계속 성장하게 되는 순환구조를 만들어가게 됩니다.

둘째, 목표한 일이 어려울 때 자신이 원하는 만큼 할 일을 다 끝내놓지 못한 채 '남들이 노니까 나도 놀아야 해.', '워라밸이 중요하니까 워라밸을 즐겨야지.' 등의 생각으로 합리화하며 불안함을 잊기 위해 행동하지 않습니다.

어떻게 해서든 원하는 만큼 할 일을 끝내는 데 집중합니다. 그렇게 해야 그다음 원하는 것을 할 수 있는 삶의 선택지가 더 많다는 걸 알기 때문입니다. 그래서 노력할 수 있는 기회가 찾아왔을 때 다른 사람보다 더 많은 노력을 쏟아냅니다. 많은 시간을 고민하고 실행에 옮긴 만큼 많은 경험을 쌓게 되고 문제 앞에서 더 나은 판단을 하게 됩니다.

셋째, 진심을 다합니다. 어떤 일이든 맡은 일이라면 진심을 다해 노력합니다. 노력이 쌓인 만큼 실력이 쌓여 다른 사람이 그 사람을 전문가로 바라봅니다.

넷째, 다른 사람에게 도움을 줍니다. 자신의 분야에 전문가가 되면 그 일과 연관된 사람, 그 일을 필요로 했던 사람들에게 도움을 주게 됩니다.

예전 시골에 계신 할아버지 집을 지은 적이 있습니다. 공사하러 온 사람들은 모든 일을 대충 했습니다. 시간을 때우는 데 집중했고 결국 할아버지 집 계단이 무너지는 사고가 났습니다. 우리는 그 계단을 고치기 위해 믿을 수 있는 전문가를 한참 알아보았고 오랜 시간에 걸쳐 공사를 다시 해 수리할 수 있었습니다. 비용도 문제였지만 온 가족이 많은 스트레스를 받았습니다.

새로 온 전문가는 다행히 계단을 짧은 시간 안에 완벽히 수리했고 합리적인 비용을 받았습니다. 그 한 사람으로 인해 마음의 불행과 몸의 고생이 줄어들었습니다.

우리는 모두 연결되어 있습니다. 일을 할 때 나의 진심이 담긴 작은 행동이 나비효과처럼 퍼져 많은 사람을 행복하게 만들기도 하고 나의 소홀함으로 많은 사람이 피해를 보기도 합니다. 매번 옳은 정답을 선택할 수는 없지만 전문가가 되면 실수는 줄어듭니다.

그래서 우리는 자신의 삶에 전문가가 돼야 합니다. 지금 나의 마음가짐이 나를 누군가에게 꼭 필요한 사람으로 만들어 줄 거라 생각합니다.

실력을 쌓아가는 것이 안정적인 삶을 만드는 기술이다.
힘든 상황에서 흔들리지 않기 위해 실력이 필요하다.
실력이 없으면 마음은 자주 불안할 수밖에 없다.
실력을 쌓자. 오늘의 시련에 지지 말자.

경제적 자유를 얻은 사람들의 5가지 특징

20대~50대 나이에 상관없이 경제적으로 자유를 얻은 사람들을 인터뷰한 적이 있습니다. 그들은 모두 자신만의 신념이 있었고 앞으로 나아가야 할 길에 좋은 모범답안으로 삼기도 했습니다. 인터뷰하며 공통된 5가지 특징을 알 수 있었습니다.

첫째, 그들은 판단력이 좋았습니다. 흐지부지 하지 않고 잘 모르는 것은 말하지 않고 아닌 것에 끌려다니지 않았습니다. 정확히 판단했고 자신의 판단을 믿고 나아갔습니다. 판단력이 좋을 수 있는 이유를 물어보자, 이렇게 말했습니다.

*판단을 하기 전 항상 정확한 기준을 정합니다. 모든 것을 만족시키

는 선택지는 없습니다.

　예를 들어 돈을 많이 벌고 싶은데 덜 힘들었으면 좋겠고, 신뢰받는 사람이 되고 싶은데 맡은 것을 끝까지 하기는 싫고. 이러한 선택지는 없습니다. 그러한 관점으로 보면 아무것도 선택하지 못하고, 무방비 상태로 있게 되고, 선택은 나를 기다려주지 않아 시간이 흘러 나중에는 그나마 선택할 수 있었던 선택지마저 사라진 채 어쩔 수 없이 주어진 상황을 받아들여야 할 때가 있습니다. 그래서 모든 선택 앞에서 충족시키고 싶은 하나의 기준을 정하고 그 기준에 부합하는 것을 선택해 정답으로 만들어갑니다.

　*평소 닫힌 생각을 하지 않기 위해 다양한 정보를 많이 수집하고 적어둡니다. 살아가는 시대를 읽을 수 없고 시대에 맞는 필요한 정보를 모르면 선택 앞에서 뭘 선택해야 할지 모르겠다는 생각이 자주 듭니다. 모르면 선택할 수도 없고 시작할 수도 없습니다.

　*시간을 잘 활용합니다. 누군가를 미워하고 탓하며 아까운 시간을 낭비하지 않습니다. 원하는 미래를 향해 많은 준비를 하는 사람들을 보면 시간이 많아서가 아니라 평소 절약해서 모은 시간으로 다음 선택을 준비합니다.

　둘째, 그들은 자신이 최고라 생각하지 않았습니다. 매 순간 주어진 작은 선택을 이어 좋은 결과를 만들어 냈음에도, 어떤 일이든 해낼 수 있다는 확신이 마음에 있어도 원하는 것을 얻지 못한 다른 사람을 무시하지 않았습니다. 자신이 잘된 건 주변의 도움이 있었던 덕분이라 생각했습니다. 함께하는 사람을 어느 경우에도 함부로 대하지 않았습니다. 함부로 대하는 태도가 많은 사람과 함께할 수 없는 사람으로 만들고 앞으로 다가올 좋은 기회를 잃게 한다는 걸 잘 알고 있었습니다. 닫힌 생각과 마음은 퇴보를 가져온다는 걸 잘 알기에 자신이 최고라 생각하지 않고 함께 성장하는 방법을 늘 고민했습니다.

셋째, 일을 처리하는 순서가 있었습니다. 바쁜 일은 주로 아침에 끝냈고, 점심에는 사람들과 함께 해야 하는 일을 했습니다. 그리고 저녁에는 모든 업무 중 가장 중요한 일을 했습니다. 아무도 없는 공간에서 조용히 생각하며 집중했습니다. 그렇게 그들은 자신만의 일을 처리하는 순서가 있었습니다. 그냥 주어진 대로 일하고 주어진 대로 처리하면서 하루가 빨리 가기를 바라는 사람은 아무도 없었습니다. 하루하루에 최선을 다했습니다.

넷째, 비관적인 말을 하지 않았습니다. 비관적인 말은 어려움을 이겨내는 데 아무런 도움이 되지 않는다는 걸 알았습니다. 지금 힘들다고 "내 인생이 어떻다."느니, "나는 이제 다 끝났다."느니 그러한 말을 하지 않았습니다. 그들은 문제의 답을 찾는 데만 집중했습니다. 여러 시행착

오를 거쳐 답을 찾으며 자신만의 실력을 쌓아갔습니다. 사람들은 어떤 어려움도 해결해나가는 그들을 프로라고 부릅니다.

다섯째, 불필요한 것을 줄였습니다. 최대한 미니멀하고 담백하게 일상을 만들어갔습니다. 불필요한 만남을 줄이고 주변을 정리하고 불필요한 관계를 만들지 않으면서 시간과 체력을 아껴 중요한 순간에 쏟아냈습니다.

마지막으로 그들은 말했습니다. "경제적 성공이든 어떤 분야에 실력을 쌓는 것이든 원하는 것을 이룬다는 건 모두 같은 맥락의 방법입니다. 그 모든 것을 해내는 건 어느 날 갑자기 찾아온 행운이 아니라 꼭 그렇게 하고야 말겠다는 의지입니다."

모든 문제는 게으름에서 시작된다.

게으름은 미루는 습관에서 시작된다.

미루는 습관은 무기력한 마음에서 시작된다.

무기력한 마음은 애 쓴 마음이 지쳤을 때 시작된다.

애쓴 마음이 지치는 건 2가지 이유이다.
*너무 큰 기대를 했거나
*정말 애써도 안 되는 일을 만났거나

첫 번째 이유라면 조급한 마음을 내려놓고
계속 나아가면 되고

두 번째 이유라면 과감히 돌아서야 한다.
세상의 모든 일을 해낼 수는 없기 때문이다

그 사실을 받아들일 때 성숙해진다.
성숙해진다는 건 나와 맞는 것을 찾아가며
내 마음을 돌보게 되고

평온해진 마음을 통해
다른 사람에게 배려할 수 있는 마음이 늘어나는 일이다.

시간 관리를 잘하는 방법

시간 관리 잘하는 방법에 대해 강연한 적이 있습니다. 제가 생각하는 시간 관리의 목표는 이렇습니다.

첫째, 삶의 만족도가 높아지는가
둘째, 시작하기로 한 일들을 시작하였는가
셋째, 중요한 것을 놓치지 않았는가 정도입니다.

세 가지 조건을 모두 충족한다면 시간 관리를 잘했다고 생각합니다. 여러분은 시간 관리를 잘한다고 생각하나요? 잘할 수 있게 되면 인생이 변합니다. 누구든 시간만 있다면 관리를 시작할 수 있습니다. 시간을 갖고 문제를 풀어나가면서 힘든 상황을 벗어날 수 있습니다.

시간 관리를 잘하기 위해서는 우선 관리하기 어려운 이유를 알아야 합니다. 내가 지금 중요한 게 무엇인지 모르면 관리가 어렵습니다.

예를 들어 내가 인생에서 중요한 게 인간관계라고 생각한다면 인간관계를 많이 할 수 있게 시간을 계획해야 합니다.

인생에서 중요한 게 창작 활동이라고 생각한다면 창작 활동에 맞게 시간을 계획해야 합니다.

내가 인생에서 중요한 게 독서라면 책 읽는 시간이 많도록 시간을 계획해야 합니다.

나에게 중요한 것이 무엇인지를 항상 생각하며 살아가야 합니다. 중요한 게 무엇인지 생각하는 건 지금 내게 무엇이 필요한지를 생각하는 것과 같습니다. 그래야 시간 계획을 잘 세울 수 있습니다.

그다음 불필요한 시간을 줄여나가야 합니다. 불필요한 시간의 기준은 인생에서 중요하다고 생각해 많은 시간을 계획해둔 일을 하는 데 도움이 안 되는 일입니다. 예를 들어 경제적 능력이 중요하다 생각해서 경제 분야의 공부 시간을 많이 계획해 두었는데 잠자는 시간이 너무 많습니다. 그럼 불필요한 시간이니 줄여야 합니다. 또 산책을 너무 많이

해서 피곤하다면 그 시간도 줄여야 합니다. 인간관계를 할 때 감정 소모가 많이 돼 집중이 안 된다면 그 시간도 줄여야 합니다.

먼저 중요하다고 생각하고 계획한 시간을 쓰는 데 도움이 안 되는 불필요한 시간은 전부 줄이세요. 여기서 불필요한 시간을 줄이는 게 어려워 못하겠다고 한다면 나는 인생에서 중요하다고 계획했던 일들은 이루지 못합니다. 그럼 애초에 나는 계획이 필요 없습니다. 어차피 중요한 것을 하는 데 시간을 투자하지 못하니까요. 불필요한 시간을 줄여야 인생에서 중요하다고 생각하는 것을 지킬 수 있습니다.

시간을 줄였다면, 이제는 필요한 시간을 더하세요. 예를 들어 연봉을 1억으로 올리는 게 중요하다고 생각했다면 시간 계획을 연봉 1억 올리는 데 집중해 계획하고 불필요한 시간은 지워나간 뒤 필요한 시간을 추가적으로 더하는 것입니다.

영어를 잘하는 게 도움이 된다면 영어 공부의 시간을 더하고, 영업이 필요하다고 하면 영업의 시간을 더 하고, 그렇게 시간을 더하고 난 뒤 계획한 시간 관리를 잘하게 될 때

* 삶의 만족도가 높아지고
* 시작하기로 한 일들을 시작하게 되고
* 지금 중요하다 생각하는 것을 놓치지 않게 될 수 있습니다.

왜 여러 가지 목표를 세우지 않고 중요한 것 하나를 중심으로 계획표를 만들어가느냐고 묻는다면 하나도 제대로 하기 어렵기 때문입니다. 그리고 하나를 이루고 다른 하나를 해도 늦지 않습니다. 시간 관리를 잘하는 방법은 간단하면서 어렵습니다. 그러나 누구나 할 수 있습니다.

저는 1년 4개월 동안 매일 같은 패턴으로 생활하고 있습니다. 시간을 지키면 삶에서 원하는 많은 것을 지켜낼 수 있다고 생각합니다.

나와 맞는 일을 찾는 방법

직장을 3번 이직했지만 자신과 맞는 직장을 찾지 못해 고민하는 여성이 있었다. 여러 번 이직 끝에 10년간 한 회사에 다니는 선배에게 물어보았다.

"자신과 맞는 직장을 찾는 방법이 있을까요?"

"나도 이직을 여러 번 하면서 알게 된 건데 잘 맞는 직장을 찾는 방법에는 4가지가 있다고 생각해."

첫째, 무슨 일을 하고 싶은지 곰곰이 고민해보는 거야. 무조건 직장을 들어가서 얼마의 연봉을 받겠다고 생각하기 이전에, 내가 원하는 것을 먼저 생각해 보는 거야. 우리는 학창 시절 진로를 고민할 때 오래 고민했잖아? 직장도 곧 내게 진로라고 생각하거든. 그러니까 연봉과 회사를 제외하고 우선 내가 하고 싶은 일을 먼저 생각해 보는 거야. 어쩌면 그건 전공을 살릴지 말지를 고민하는 것보다 더 중요한 것 같아. 화학과를 나왔지만 만화가로 큰 성공을 이룬 사람도 있고, 국문과를 나왔지만 마케팅 업무가 더 잘 맞는 사람도 있어. 전공과 맞지 않아도 상관없다고 생각해. 그렇다고 전공 공부가 의미 없다는 건 아니야. 어떤 식으로든 노력했던 시간은 새로운 상황 속에서 도움이 될 테니까.

둘째, 어떤 사람과 일하느냐도 중요해. 일과 회사가 마음에 드는데 마음에 안 드는 한두 사람으로 회사를 그만두기에는 좀 아깝다는 생각이 들어. 그 사람은 그냥 무시해버려. 회사를 다닐 때 70%가 마음에 든다면 마음에 안 드는 30%는 그냥 내게 주어진 숙제라 생각하고 좋게 풀어나가면 좋을 것 같아. 삶에서 '어떻게 하면 좋을까?'란 질문이 결국은 나를 성장시켜 주는 질문이니까.

셋째, 주체적으로 일하고 싶은 곳이어야 해. 그건 회사를 위해서라기보다는 나를 위해서야. 내 삶이 회사에 들어가는 게 아니라 내 삶 속에 회사가 들어오는 거야. 삶을 주체적으로 살아가기 위해서는 당연히 회사에 있는 시간도 주체적으로 깨어 있어야 해.
'회사에서는 수동적이어도 되고 그 외 시간만 주체적으로 살면 돼.'라고 생각하면 일하는 내내 우울해질 수 있어. 왜냐하면 생각보다 회사에서 생활하는 시간이 길기 때문이야.

넷째, 회사를 선택하는 너만의 기준이 필요해.
내가 회사를 선택하는 기준.
예를 들어 좋은 사람들이 있어야 한다.
연봉이 높아야 한다.
업무가 적어야 한다.
내가 성장할 수 있어야 한다.

왜냐하면 모든 기준을 만족시켜주는 회사는 없기 때문이야. 그럼 어디를 가든 불만이 생길 수밖에 없거든. 모든 기준을 만족시키는 회사를 찾으려고 하면 남들은 커리어를 쌓아갈 때 나는 이직만 하다 세월을 보낼 수도 있어. 그리고 나이가 들수록 앞으로 일할 수 있는 시간이 많지 않다고 느껴져 이직을 마음먹기도 어려워져.

"나와 맞는 것을 찾기 위해서는 나에게 필요한 게 무엇인지 생각해봐. 너에게 필요한 게 너와 맞는 거야. 바쁘게 하루가 지나가고 나면 생각 들 때가 있어. 인생이 쉽다면 얼마나 좋을까. 지금도 충분히 힘든데 앞으로의 인생은 생각할수록 더 힘들 거 같고 어렵게 느껴질 때가 많아. 그래도 네가 지금 고민하는 만큼 너에게 맞는 좋은 선택을 하게 될 거라 믿어."

쓸모없는 바위에 앉으니 의자가 되었다.
쓸모없는 벽에 기대니 위로가 되었다.
이처럼 세상엔
쓸모없는 건 없었다.
아직 쓰여지지 않은 것만 있을 뿐

아직 쓰여지지 않은 너에게

어느 부자의 이야기

모두 자신의 인생을 최선을 다해 삽니다. 열심히 살지 않아서 부자가 되지 못한 것이 아닙니다. 제가 내린 부자의 정의는 '원하는 뜻을 이루며 사는 사람'입니다. 부자가 되고 싶다면 3가지 생각이 필요합니다.

첫째, 꿈을 타협해서는 안 됩니다. 명확한 꿈을 가져야 합니다. 예를 들어 '나도 뭘 하고 싶다.' 또는 '해보고 싶다.'는 명확한 꿈이 아닙니다. '나는 1년에 1억을 모을 거야.' 이렇게 구체적인 꿈이 필요합니다. 그러면 그 꿈을 이루기 위한 현실적인 어려운 이유가 나타날 겁니다. 가령 너무 어렵다거나 힘들다거나 핑계 대고 도망치고 싶은 마음, 게을러지고 싶은 마음 등입니다. 그 마음과 절대 타협하지 마세요. 지금 타협하면 앞으로도 계속 타협하며 살아가야 합니다. 한번 타협하면 편하지만 그 시간이 지나고 나면 최선을 다하지 못한 아쉬움과 후회가 남아 괴롭습니다.

꿈 앞에 자주 나타나는 피해야 할 4가지 문장이 있습니다.

'어쩔 수 없어서.'
'어려워서.'
'잘 안 돼서.'
'안 되면 어떡하지?'입니다.

마음속에 품은 꿈이란 어쩔 수 없는 일을 현실로 이루어내는 것이고, 어려운 일을 잘할 수 있게 바꿔나가는 것이고, 잘 안 되는 일을 잘 되게 끔 만드는 것입니다.

'안 되면 어떡하지?'라는 생각이 들 때 안 되면 절대 안 된다는 생각으로 더 열심히 해야 합니다. 쉽게 포기하는 사람은 이런 생각을 매일 합니다.

'어쩔 수 없어서.'
'어려워서.'
'잘 안 돼서.'
'안 되면 어떡하지?'

그리고 원하는 순간을 만나지 못한 자신이 얼마나 불행한 사람이고, 위로가 필요하다며 주변에 이야기하면서 또 시간을 한참 흘려보냅니다. 그리고 원하는 삶이 아니어서 행복하지 않다고 말합니다. 몇 년을 이렇게 지내다 보면 어느새 어떤 공식처럼 이러한 삶의 패턴이 반복됩니다.

둘째, 시간을 효율적으로 써야 합니다. 시간을 효율적으로 쓰는 3가지 방법을 기억해야 합니다.

* 가장 집중이 잘될 때 어려운 업무를 하고
* 집중이 잘되는 환경을 만들기 위해 노력하고
* 집중이 안 될 때는 억지로 계속 일을 붙잡고 있지 마세요.

이 3가지를 잘 지키면 시간을 효율적으로 쓸 수 있습니다.
그러나 사람들은 보통 반대로 행동합니다.

* 집중이 잘 될 때 가장 어려운 일을 하지 않고 다른 걸 한다거나
* 집중이 안 돼도 계속해서 그냥 일을 빨리 끝내려고만 하거나
* 집중이 안 되는 환경을 바꾸려 하지 않습니다.

그리고 집중이 안 되면 그냥 그 일이 나와 안 맞다 생각하여 쉽게 포기하기도 합니다.

기계가 고장 났다면 고장 난 기계로 계속 일하지 말아야 합니다. 우선 기계를 최상의 상태로 고치는 데 몰두해야 하고 고쳤을 때 쓸 수 있는 모든 시간을 써야 합니다. 그래서 일이 잘 안될 때는 과감히 일을 멈추고 마음을 다스리는 것이 중요합니다. 마음을 다스릴 때는 목표를 이룬 모습을 상상하는 것도 좋은 방법입니다. 지금 노력에 대한 최고의 보상이기 때문입니다.

셋째, 목표를 이룰 수밖에 없는 이유를 만들어야 합니다. 사막에서 물을 마셔야만 살 수 있다고 생각해 보세요. 그럼 누구나 쓰러지기 전까지 물을 찾습니다. 목표만 생각합니다. 절박한 상황은 강한 집념을 만들어내고 최선을 다하게 할 것입니다. 그러므로 목표를 이룰 수밖에 없는 이유를 먼저 만들어야 합니다.

포기하면 안 되는 이유를 먼저 찾고 목표를 향한 노력을 시작해야 합니다. 예전 어떤 고시생은 집이 부자였습니다. 여유롭게 시험을 준비했고 떨어졌습니다. 그래서 집을 나와 고시원에서 하루 5,000원을 쓰며 머리를 반삭하고, 매일 똑같은 옷을 입고, 거울도 보지 않고 1년간 시험 준비를 했습니다. 자신이 만약 시험에 합격하지 못하면 이 생활을 반복할 거라 다짐했습니다. 생활을 벗어나기 위해서라도 합격할 수밖에 없는 이유를 만든 것입니다. 시험에 합격했고 나중에 회사를 개업하여 큰 돈을 벌었습니다. 나를 평가하는 말들에 있어 대꾸할 필요 없습니다.

말로만 하면 아무것도 증명할 수 없기 때문입니다. 내 방식이 옳다는 걸 증명해 나가면 됩니다. 무엇이든 시작하세요. 그리고 증명하고 싶은 것을 증명해 나가세요.

"가만히 있으면 원하는 행복은 찾아오지 않습니다. 그러나 현실에서 딱 한걸음 벗어나 새로운 걸음을 걸어간다면 그 한걸음이 새로운 행복을 만나게 해줄 거라 생각합니다."

한참을 실망하다 생각했다.

인생의 시간이 24시간이라면
30대는 오전 10시 정도가 아닐까
오전 10시면 너무 이르지도 않고
너무 늦지도 않아

옷을 챙겨 입고 밖으로 나와
주변 시선에 흔들리지 않고
내가 찾고 싶은 나의 자리를 찾아가기에
충분한 시간이라 생각이 들었다.

2부 고민의 답_평온

마음을 지키는 가장 강력한 힘

살면서 가장 많이 하는 후회 7가지

어느 교수가 은퇴하며 학생들에게 말했다.

"살면서 가장 많이 한 7가지의 후회가 있습니다."

첫째, 빨리 움직여야 할 때 빨리 움직이지 않은 것입니다. 기다리면 기회가 올 거라 생각해 움직여야 할 때 움직이지 않은 것입니다. 예를 들어 좋아하는 게 뭔지 모르겠다는 생각이 들 때 '시간이 지나면 좋아하는 게 생기겠지.'라는 생각으로 그냥 시간을 흘려보낸 것입니다.

좋아하는 것은 시간이 지나도 오지 않았습니다. 내가 뭘 좋아하는지, 뭘 잘하는지는 남들보다 많이 고민하고 찾기 위해 움직일 때 찾을 수 있었습니다.

둘째, 내일은 더 잘할 수 있을 거란 생각으로 오늘을 그냥 흘려보낸 것입니다. 오늘을 열심히 산 나에게는 충분히 위로가 되는 생각이었지만 오늘을 열심히 살지 않은 나에게 내일은 잘 하겠지란 생각은 그냥 불안한 마음을 넘기기 위한 핑계가 되었습니다. 돌이켜보면 무언가를 해낸 일들은 주어진 오늘에 최선을 다했던 일들입니다.

셋째, 주위 사람들의 말에 너무 귀 기울인 것입니다. 나에 대해 하는 말에 민감하게 반응하고 흔들렸습니다. 지금 와서 생각해보면 그들은 나를 잘 알지 못합니다. 그냥 그때그때 기분에 따라 나에 대해 평가하거나 이야기한 것일 뿐, 나만큼 나를 잘 알지 못했습니다.

나를 오랫동안 바라봐주고 응원해준 사람들의 마음만 바라보면 되었습니다. 나를 응원해주는 사람들의 마음이 오래 지속되고 좋은 사람들과의 관계를 유지하기 위해서는 고마운 마음을 꼭 표현해야 했습니다. 표현 없는 고마운 마음은 오랜 관계도 식어버리게 했습니다. 그 시간을 통해 상대방의 어떤 말에 고마워하고 어떤 말에는 귀 기울이지 말아야 하는지 알게 되었습니다.

넷째, 사랑하는 사람과 대화할 때 옳고 그름을 자주 따진 것이었습니다. 옳고 그름은 중요하지 않았습니다. 따지다 보면 결국 누가 더 옳은지만을 얘기하게 되고 상대방이 납득을 하든 안 하든 나는 내가 옳다는 결론을 내렸습니다. 그럴 때마다 사랑하는 사람과 함께하는 게 점점 어려워졌습니다. 그건 사랑을 대하는 좋은 방식이 아니었습니다. 이기심이었고 이기심이 깊어지면 결국 사랑했던 사람과 이별하게 되었습니다. 이기심은 시간이 지나면 후회를 가져왔고 후회의 시간으로 오랫동안 힘들어야 했습니다. 사랑할 때는 누가 옳은 게 중요한 게 아니라 먼저 이해하기 위해 얼마나 노력하는가가 훨씬 중요하다는 사실을 깨닫게 되었습니다.

다섯째, 운동을 자주 하지 않은 것입니다. 운동이 삶의 전부를 바꿔주지는 않지만 삶을 기분 좋게 바꿔나갈 수 있게 해주고 우울한 마음에 지지 않게 건강한 마음을 갖게 해 주었습니다. 꼭 잘할 수 있는 운동이 아니어도 좋아하는 운동이 있다는 건 큰 장점입니다. 좋아하는 운동을 통해 지친 마음을 회복할 수 있습니다.

여섯째, 때론 아무것도 하기 싫을 때 아무것도 하지 않는 것이 필요하다는 걸 늦게 깨달은 것입니다. 아무것도 하기 싫을 때 뭘 해도 어차피 효율적이지 않았습니다. 때론 아무것도 하기 싫다면 아무것도 하지 마세요. 그러다 보면 텅 빈 우물에 맑은 물이 다시 차오르듯 좋은 생각들이 떠오를 겁니다.

일곱째, 스스로 한계를 정하지 마세요. 어떤 한계도 정하지 말고 그냥 원하는 것을 열심히 쫓기를 바랍니다. 그래야 변할 수 있고 변할 수 있는 사람은 무한한 가능성을 가진 사람입니다. 나의 앞으로의 가능성을 지금의 능력으로 판단하는 실수를 하지 마세요. 지금 잘하고 싶은 일을 발전시켜 더욱 잘할 수 있게 만들어가는 게 중요합니다.

너무 오래 혼자 있지 마세요.
사람에게는 사람이 필요합니다.
너무 오래 혼자 있는 것에 익숙해지면
함께하는 게 점점 귀찮아지고
어느새 웃을 일도 줄어듭니다.

예민한 마음을 다스리는 방법

아침에 눈을 뜨면 예민한 마음으로 하루를 시작하고 저녁이 돼서야 혼자 시간을 가질 때 마음을 내려놓는 사람이 있었다. 평소 계획했던 일이 잘 풀리거나 걱정했던 일이 무사히 지나가면 안도감과 함께 예민한 마음은 줄어들었지만 계획이 틀어지거나 상대방으로부터 예상 못한 말을 듣게 될 때면 금세 다시 예민해져서 해야 할 일에 집중하지 못했다.

예전에는 자신을 예민하게 만드는 상황을 탓했지만 시간이 갈수록 상황을 떠나 예민한 마음을 스스로 다스릴 수 없다면 누구와 함께하든, 무얼 하든 예민해진다면 행복한 마음을 유지하기 어렵겠다는 생각이 들었다.

그러던 중 우연히 지인이 운영하는 식당을 찾아가게 되었다. 평소처럼 점심을 주문하고 바쁘게 일하는 지인을 보니 자신이라면 예민해질 수 있는 상황도 아무렇지 않듯 여유롭게 넘겼다. 그 모습에 궁금함이 생겨 일이 끝난 후 지인에게 물었다.

"일하면서 예측하지 못하는 상황을 만나면 예민해지지 않아?"

그러자 지인은 답했다.
"처음에는 나도 힘들게 하는 이들에게 화가 나고 계획대로 되지 않는 상황에서는 예민한 마음이 들었어. 그런데 그런 마음이 지속되다 보니 일을 자꾸 그만두고 싶어지더라고. 생각해보면 지금 하는 일뿐만 아니라 다른 상황에서도 마음대로 되지 않을 때 자주 예민해진다는 생각이 들었어. 그래서 예민한 마음을 다스리고 싶었고 다스리기 위해 나만의 7가지 규칙을 정했더니 큰 도움이 되었어."

첫째, 큰 문제가 되지 않는 건 반복적으로 생각하지 않고 그냥 넘겼어. 큰 문제인지 아닌지를 감정의 파동에 따라 결정하지 않고 최대한 이성적으로 생각한 뒤 마음처럼 되지 않는 지금 마주한 일이 정말 큰 문제인지 아닌지 판단해 보았어. 큰 문제가 아니라고 판단되면 넘기기로 했어. 작은 문제를 계속 생각하는 건 삶에 아무런 도움이 되지 않더라고. 지나갈 수 있는 일을 놓지 못해 오래 붙잡아두면 예민해진다는 걸 깨달았어. 마주하는 것에 너무 높은 기준을 세우면 삶에 틈이 없어지고 마음은 예민해졌어.

둘째, 예민한 마음을 계속 확인하려 하지 않고 다음 할 일에 집중하기 위해 노력했어. 예민해질 때면 마음을 확인하며 왜 예민해졌을까를 일일이 생각하기보다는 오히려 그 순간에 새롭게 할 일을 만들고 해야 할 일에 집중했어. 그렇게 시간이 지나 막상 '내가 어떤 부분에 예민했지?'라고 생각했을 때 예민하게 했던 일들이 작은 일로 느껴졌어. 마주한 상황에서는 당장 보이지 않아도 시간이 지나고 나면 중요한 게 보이잖아. 지나고 나서 생각해 봤을 때 작게 느껴지는 일들은 중요한 일이 아니었던 거지.

셋째, 하루 일과가 끝나면 짧게라도 좋아하는 시간을 가졌어. 작은 일이어도 마음이 기쁠 수 있는 시간을. 혼자 있는 시간에 스탠드를 켜 놓고 음악을 들으며 일기를 쓰는 걸 좋아하는데, 그 시간이 지친 마음을 어떤 것보다 크게 달래주더라.

넷째, 누군가를 미워하는 마음이 들 때면 계속 미워하기보다는 가능한 빨리 멈추기 위해 노력했어. 그리고 상대방에게 연민을 가졌어. 상대방이 행복하지 않은 사람이어서 그렇게 행동하는 거구나라고 연민을 가지면 이해가 되고, 미워하다 보면 더 큰 미움이 생기더라고. 미움에 끝이 있을 줄 알았는데 끝없이 미워하게 되더라.

나에게 미운 행동을 했을지라도 그 미움으로 여러 가지 좋을 수 있는 감정을 잃어버리기 싫었어. 계속 미워하는 건 나에게 아주 무거운 돌을 마음에 지고 살아가게 하는 것과 같더라고.

다섯째, 살다 보면 정답을 알 수 없는 생각이 쌓이고 쌓여 마음이 복잡해질 때가 있잖아? 그럼 복잡한 생각을 미뤄 두었어. 머릿속이 복잡하거나 생각이 많아지면 예민해지더라고. 예를 들어 실타래를 풀고 싶은데 안 풀리는 거야. 아무리 시간을 들여도 당장은 안 풀리는 게 있거든. 그럼 실타래를 서랍에 넣어놓고 지금 풀 수 있는 조금 더 쉬운 실타래를 풀어나갔어. 어차피 인생에서 시간은 한정적인데 굳이 지금 안 풀리는 실타래를 계속 붙잡고 있는 건 현명하지 못하다는 생각이 들었어. 다른 더 쉬운 실타래를 풀다 보면 풀지 못했던 실타래에 대한 답이 떠오르기도 했거든.

여섯째, 주변 사람들에게 서운해질 때면 예민해졌어. 그래서 기대지 않고 스스로 행복하기 위해 노력했어. 바라지 않고 기대지 않으려는 마음이 나를 더 단단한 사람으로 만들고 자유로운 마음을 갖게 해주었어.

일곱째, 나와 타협하는 연습을 했어. 내 행동이 이해가 안 되고 답답할 때, 실수로 돌이킬 수 없는 힘든 순간이 찾아왔을 때 스스로와 타협하는 연습을 했어. 처음에는 그런 나의 모습과 다가온 힘든 시간을 받아들이지 못해 계속 괴로워했거든. 그렇다고 힘든 순간이 달라지는 것도 아니고 마음은 점점 예민해지더라고. 원치 않게 힘든 순간이 찾아왔다면 그 시간을 받아들이며 그 시간 속에 머물게 된 나와 좋은 모습을 다시 찾을 수 있게 타협하며 행복을 찾아 나섰어.

"물론 성향에 따라 더 자주 예민해지는 사람이 있을 수 있다고 생각해. 그러나 그 예민함의 정도를 어느 정도로 받아들일지는 스스로 정할 수 있다고 믿어. 예민한 마음으로 어쩔 수 없이 인생이 괴롭다고 하기보다는 더 좋은 감정을 마음에 담기 위해 노력한다면 예민함을 다스리며 힘든 마음을 줄여 나갈 수 있을 거야.

계획했던 일이 마음처럼 되지 않을 때, 기분 나쁜 상대의 말로 힘들 때, 예민하게 반응하게 되는 일들로 해야 할 일들을 놓치게 될 때, 마음이 무겁고 쉽게 괜찮아지지는 않겠지만 어쩌면 우리는 삶의 너무 작은 일에 깊게 고민하지 않고 작은 일에 크게 상처받지 않으며 살아가도 되지 않을까? 나를 힘들게 했던 지금까지의 예민한 마음을 잘 다스려 편안한 마음으로 내일을 웃으며 마주할 수 있길 바라."

불어오는 바람의 방향을 스스로 정할 수는 없지만
흔들리는 마음의 방향은 스스로 다 잡을 수 있을 거라 믿습니다.

상처를 치유해 나가는 삶

상처가 많은 사람은 자주 불안함을 느낍니다.
작은 일에도 불안함을 느끼고 큰일에도 불안함을 느낍니다.

그래서 항상 마음이 바쁩니다.

불안함은 과함을 낳아 과하게 행동하게 되고
후회와 자책으로 힘들어합니다.

'그러지 말아야지.'라고 생각하지만
똑같은 상황이 되면 다시 불안해져
스스로가 통제가 잘 안 돼 다시 과하게 행동하게 되고
거기에 따른 후회와 자책으로 힘들어합니다.

내가 너무 게으르거나

내가 너무 부지런하거나

내가 너무 화가 많거나

내가 너무 참거나

내가 안좋은 말들이 일일이 너무 크게 들리고
크게 와 닿거나

내가 너무 예민하거나 또는 너무 무신경하거나

내가 안정적인 것만 추구해 좋아하는 게 없거나

내가 너무 괜찮은 척만 하거나

내가 너무 할 말을 못 하거나

내가 자책이 심하거나

내가 상대방에게 너무 간섭하거나 등.

무엇이든 내가 나의 행동을 되돌아봤을 때
나의 행동으로 힘들다면 과한 것입니다.

마주한 상황만을 바라볼 게 아니라
상황을 받아들이는 나를 바라봐야
더 넓은 세계와 넓은 시야로
평온함을 찾을 수 있습니다.

예를 들어 내가 열심히 살지 않아 고민이라고 한다면
열심히 살기 위해 노력하면 됩니다.
잘 안 돼도 다시 마음을 잡고 노력하면 됩니다.
그게 안 되면 다시 노력하고.

그런데 내가 지금 너무 힘들다면
열심히 해야 한다는 생각에
너무 과하게 집착하고 있어서 그렇습니다.
불안하기에 과함이 만들어지고
그 생각에 집착하게 됩니다.

그래서 열심히 하는 과정에 집중하기보다는
'열심히 하지 못하면 어쩌지?'라는 불안에 집중하여
마음이 계속 힘듭니다.

나는 내가 열심히 하지 않아 힘든 것이라 생각하지만
열심히 하지 않으면 열심히 하면 됩니다.
잘 안 되면 각오하고 다시 해보고.

그러나 내가 지금 불안하다면
열심히 해야 한다는 마음이 너무 과하고 커서

힘든 것일 수 있습니다.

그 마음을 내려놔야 평온을 유지하며
불안에 집중하는 것이 아니라
되고자 하는 모습에 더 집중하고
앞으로 나아갈 수 있습니다.

또 예를 들어,
인간관계에서 자주 서운함을 느끼는 사람이 있습니다.
서운하면 서운하지 않기 위해 방법을 고민하든
내가 행복할 수 있는 방향을 찾아 나아가면 됩니다.
잘 모르겠다면 찾아보면 됩니다.

그러나 내가 서운하게 되는 상황이
있으면 안 된다는 생각에 너무 집착하게 되면
'또 서운하면 어쩌지?'라는 불안에 집중하게 되며
불안한 만큼 상대방이 나에게 서운하게 하지 않기 위한
과한 행동을 하게 됩니다.
지나치게 맞춰주거나 지나치게 강한 사람이 되거나
지나치게 상대를 바꾸려는 마음으로 계속 힘들어집니다.
상황은 고민해보면서 바꿔나가면 됩니다.

그런데 문제는 그 바꿔나가는 과정에서

마음이 너무 괴로워 고민이라면

내가 지금 그 생각에 과하게 집착하고 있어서

힘든 것입니다.

자신이 과하다는 걸 인지하지 못하고

계속 상황만 탓하면

계속 불안하고

계속 힘들 수밖에 없습니다.

물론 시기에 따라 어떤 과함이 좋은 결과를 가져오기도 합니다.

하지만 일시적 결과일 뿐 인생 전체를 잘 살기 위해서는

과함을 통제할 수 있어야 합니다.

그럼 나는 어떤 부분에서

불안이 형성되고

과하게 행동하게 되는 걸까요?

내가 상처가 많은 부분을 마주하면

불안이 형성되고

불안하기에 과하게 행동하게 됩니다.

상처는 내가 갖고 싶었던 필요한 마음을

갖지 못했을 때 상처가 됩니다.
편안함, 여유, 사랑, 이해, 안도, 즐거움, 기쁨 등.

예를 들어 어릴 적 다른 사람에게
이해받아본 경험이 거의 없는 사람이 있습니다.
이해받고 싶었는데 이해받지 못해 상처가 되고
그래서 다른 사람을 이해해야 하는 순간이 오면
마음이 불안해지고 과하게 행동하게 됩니다.

너무 과하게 이해하려 하거나
너무 과하게 화를 내거나
그런 모든 행동이 상처에서 비롯됩니다.
상처가 있으면 부자연스러움이 생기고
상처 있는 부분은 다른 사람들과 순환하며
자연스럽게 지내기 어려워집니다.

그래서 외로움이 발생하고
내가 불안을 인지하지 않으면
나의 외로움이 내 곁에 있는 사람들 때문이라는
착각에 빠지게 됩니다.
물론 주위 사람들 때문에 외로움이 발생할 수는 있지만

나의 근본적 외로움은

나의 삶의 방식 때문입니다.

나의 지금 삶의 방식이 외로움을 만들고

앞으로도 외롭게 만듭니다.

과거에 생긴 어떤 상처가

지금의 나를 불안하게 만들고

부자연스러움을 만들고 외로움을 만듭니다.

그것이 삶의 방식이 되어

나를 외롭게 만들고 있는 것입니다.

그래서 사람은 누구나 외로움이 있고

누구나 상처가 있습니다.

상처 없는 사람은 없기에.

다행히 외로움을 인정하고

불안을 인정하고

상처를 인정해나가면

상처를 치유해 나갈 수 있습니다.

그럼 나의 불안함과 과함을 만드는 상처를

어떻게 치유해 나갈 수 있을까요?

여러 가지 방법이 있지만
가장 근본적인 방법은 호흡하는 것입니다.
자연스러워질 때까지.

불안한 마음도 결국 불안에 계속 노출되면
불안이 자연스러워지고 불안이 익숙해집니다.
불안이 편안해지고 불안이 잠잠해집니다.
이 과정에 필요한 건 시간입니다.

내가 어떤 상황에서 불안함이 생기면
불안한 마음 그대로 상황을 탓하며
과하게 행동하지 말고
또는 불안하지 않으려고 과하게 행동하지 말고
그대로 불안함을 인식해 보세요.
'아 나의 상처 있는 부분이 불안하게 작용하는구나.'

불안한 채로 잠시 시간을 보내보세요.
불안하지만 불안이 자연스러워지고
불안이 익숙해지고

불안이 편안해지고
불안이 잠잠해질 겁니다.

불안이 떠올라 부자연스러웠던 마음의 호흡이
시간이 지나 자연스러워질 것입니다.

그렇게 부자연스러웠던 모습을
자연스럽게 찾아가며
마음의 불안이 줄어들고
후회와 자책에서 벗어난
평온한 하루를 살아갈 수 있기를 응원합니다.

더 이상 노력하기 어려울 때 번아웃이 찾아온다

20년간 사업을 해온 사업가와 인터뷰에서 번아웃에 대해 이야기 나눈 적이 있습니다. 번아웃이 온 적 있냐고 묻자 그는 이렇게 답했습니다. "네, 있습니다. 지금은 지나온 상태이지만 저의 경우, 3가지 상황에서 번아웃이 찾아왔습니다."

첫째, 지독하게 외로울 때입니다. 아무에게도 속마음을 얘기할 수 없고, 마음을 편하게 놓을 사람이 없을 때, 세상에 혼자가 되어 버린 느낌일 때. 그 순간 앞으로가 걱정됩니다. 시간이 지나도 외로운 하루가 달라지지 않고 반복될 것 같기 때문입니다. 혼자가 싫지만 함께하기 어려운 마음이 들고 앞으로 어떤 모습으로 살아야 할지 모르겠다는 생각이 듭니다. 그때 외로운 마음과 함께 번아웃이 찾아옵니다.

둘째, 중요하다고 생각하는 것을 잃어버렸을 때입니다. 한번도 끝을 생각하지 않았던 사람과 이별하게 되거나, 오랫동안 쫓아온 꿈을 포기해야 하거나, 좋은 관계를 위해 노력했지만 관계가 더 멀어지거나, 열심히 노력했던 일들이 아무것도 아닌 일들이 돼서 돌아올 때 번아웃이 찾아옵니다. 마음에 힘을 나게 하는 건 잘하고 싶은 일들이 있을 때입니다. 힘내고 싶은 게 사라지면 힘을 내고 싶어도 힘이 나지 않습니다.

셋째, 지쳤을 때입니다. 마음처럼 안 되는 일을 연속적으로 만나면 더 이상 물러날 곳이 없다는 생각이 듭니다. 한두 번의 아픔을 넘긴다 해도 연속적인 아픔에 아무렇지 않은 사람은 없습니다.

"저는 번아웃의 시간을 지나왔고 때때로 번아웃이 또 찾아오기도 합니다. 그 시간을 지나가게 한 노력은 사실 딱히 없습니다. 번아웃이 왔다는 것 자체가 지금은 더 노력하기 어렵다는 말과 같으니까요. 빨간불의 신호등, 배터리가 꺼진 충전 중인 핸드폰, 걷기 어려울 정도로 비가 많이 오는 날은 당장 나의 어떤 노력으로 그 순간을 바꿀 수 없습니다. 하지만 조금만 기다리면 바뀝니다.

가야 할 길을 갈 수 있게 빨간불은 초록불로 바뀌고, 배터리가 꺼진 핸드폰은 켜지고, 비는 그쳐서 걷기 좋은 날이 찾아옵니다. 절대 지나지 않을 것 같은 시간에 속지 마세요. 시간은 어느새, 언제나 지나갑니다.

인생에서 매일 똑같은 날은 단 하루도 없습니다. 모두가 새로운 날이기에 새로운 순간이 기적처럼 찾아옵니다. 번아웃은 여러 날 속에서 그렇게 사라질 겁니다. 번아웃이 또 찾아올 수도 있겠지만 너무 걱정하지 마세요. 실망에 실망하지 않고 절망에 절망하지 않는다면 기다림 끝에 바람이 불어와 좋은 향기를 담은 일들을 가져올 겁니다."

계절이 가져간다.

봄이 겨울을 가져간다.
여름이 봄을 가져간다.
가을이 여름을 가져간다.
겨울이 가을을 가져간다.

흔적도 없이 가져간다.

너무 힘든 일은
지나가기 위해 애쓰는 것이 아니라
시간이 가져가는 것이다.

쉬지 못하면 마음은 불행해진다

우울함이 찾아온 청년이 있었다. 딱히 우울한 이유를 모르겠다는 생각이 들었고 하루하루가 재미없게 느껴졌다. 그래서 어렵게 용기 내 하던 일을 멈추고 작은 시골 마을에서 지내보기로 했다. 마을에서 지내면서 특별한 일 없이 주어진 일에 충실하면서 즐겁게 살아가는 마을 사람들을 보고 위로를 받았다. 행복이 생각보다 큰 게 아니라는 생각이 들었다. 그러던 중 마을에서 가장 나이가 많은 어른과 이야기를 나누게 되었다.

청년은 조심스레 물어보았다.
"사람 마음이 가장 불행해지는 순간이 언제일까요?"

노인은 대답했다.
"내가 생각했을 때는 3가지 경우라네."

첫째, 매일매일 목표만 바라보며 달려가지만 목표가 너무 멀리 있다고 생각될 때라네. 그 목표까지의 거리가 마음을 우울하게 만들거든. 그래서 사람은 누구나 더 멀리 가기 위해 쉴 수 있어야 해. 쉬지 못하는 사람의 한계는 정해져 있네. 우울한 마음을 갖고 어디를 간다고 해도 어차피 또다시 우울해질 수 있어. 그 우울함이 찾아온 이유는 어떤 문제가 있어서 찾아온 게 아니라 쉬지 못해서 찾아온 거니까.

쉰다는 건 뭘까? 쉰다는 건 내가 애쓰고 노력했던 호흡과 패턴에서 완전히 반대의 호흡과 패턴을 찾아 시간을 갖는 거라네. 차이가 클수록 좋지. 운동선수에게는 가만히 있는 호흡이 쉼이 되고, 공부를 많이 한 사람에게는 어느 정도 활력 있는 호흡이 쉼이 되고, 머리를 많이 쓰는 사람에게는 생각을 멈춘 다른 생활의 패턴이 쉼이 된다네.

그런데 보통 쉼은 익숙한 곳에서만 가지려고 하지. 예를 들어 생각이 많은 사람은 쉬면서도 생각하려 하고, 운동선수는 쉬면서도 운동을 생각 하고, 공부하는 사람은 쉬면서도 마음속으로 시험을 준비하네. 익숙한 호흡은 나를 쉬게 할 수 없어. 익숙한 호흡에 지친 거니까. 전혀 다른 생활의 호흡이 필요하고 그것이 숨이 되어 쉼을 준다네.

둘째, 자꾸 확인받으려고 할 때라네. 인정받으려는 마음과 상대방의 마음을 확인하려는 마음. 그럼 나는 묻고 싶네. 확인받고 인정받는다고 내 인생이 뭐가 달라지는가?

사실 달라질 건 없네. 열심히 했다면 된 거고, 스스로 잘했다고 생각하면 된 거네. 그걸 누군가에게 인정받고 확인받는다고 삶은 달라지지 않네. 오히려 인정받으려 하지 않을 때 훨씬 더 높은 자존감을 지키며 살아갈 수 있거든.

셋째, 마음의 중립을 지키지 못할 때라네. 사람은 정말 신기하게도 너무 오래 혼자 있어도 행복할 수 없고, 너무 오래 함께 있어도 행복할 수 없네. 매일매일 사람을 만난다고 생각해 보게 얼마나 지치겠는가. 반대로 매일매일 혼자 있다고 생각해 보게 얼마나 외롭겠는가. 그래서 중간을 지키는 게 중요하네. 행복은 어쩌면 중간을 지키는 것일지 몰라. 뜨거운 것과 차가운 것보다 미지근한 물이 마음을 편하게 하고 추운 겨울과 무더운 여름보다 봄이 마음을 살랑이게 하지.

모든 것의 중간.

그런데 아는가?
그 중간은 내가 만든다는 걸.
그 중간은 내 마음이 만든다는 걸.

내 마음이 어떤 상황에서도 중심을 지킬 수 있다면 나는 어떤 상황에서도 행복할 수 있을 걸세. 그러나 내가 마음의 중심을 지키지 못하면 뜨거운 물을 만나든 차가운 물을 만나든 겨울을 만나든 여름을 만나든 계속 마음의 기분은 왔다 갔다 할 걸세. 그럼 내 마음처럼 할 수 없는 마음에 우울한 마음이 들겠지.

"지금 자네가 이곳에 온 건 도시의 생활과 다른 호흡을 찾은 거라 생각하네. 그러니 평소에 보이지 않던 행복을 보게 된 거고.

마음을 잘 다스려 우울함은 지나가고 좋은 시간에 잘 닿을 수 있기를 응원하네."

언제든 혼자
떠날 수 있는 사람이 돼야 한다.

혼자 떠날 수 있는 사람은
자유롭게 생각하고
자신이 원하는 풍경을
스스로에게 보여줄 수 있는 사람이다.

지난 것을 기억하려는 사람이 되지 말아야 한다.
기억하고 싶은 것만 기억하고
기억하기 싫은 것은 지워도 된다.

그게 삶이다. 기억하고 싶은 것을 기억하면
안 좋은 기억은 저절로 나와 멀어진다.

반대로 좋은 기억이 멀어지는 순간은
안 좋은 것을 기억하려는 순간이다.

안부를 묻고 싶은 사람에게만 안부를 묻고
지지 않아도 되는 책임은 내려놓아도 된다.

3개월
6개월
1년

시간은 흐르지만
마음은 멈출 수도 있다.

의욕은 앞서지만
자꾸 넘어질 수도 있다.

잠시 기대고 싶지만
아무것도 없을 수도 있다.

생각을 내려놓고 싶지만
내려놓을 수 없는 생각이 있을 수 있다.

그럴 때는
아무와도 대화 나누고 싶지 않다.

아무도 문제를 해결해 줄 수 없기
때문이다.

오롯이 나만이 해결할 수 있는
문제라면

내가 힘을 내자.

내가 해보자.

내일의 노력까지 오늘 쏟아부어
스스로 만족할 수 있는 오늘을 만들어보자.

무거운 마음의 먼지를 털어 내자

무기력이 찾아오는 이유는 열심히 해야 할 의미를 찾기 어려울 때입니다. 해야 하는 일을 열심히 해야 하는 걸 아는 것과 열심히 할 자신만의 의미가 있는 것은 다릅니다.

운동을 열심히 해야 하는 걸 알아도 열심히 해도 삶이 별로 달라지지 않을 것 같고 행복할 것 같지 않다면 열심히 해야 할 의미를 갖기 어렵습니다.

회사에서 일을 열심히 해야 하는 걸 아는 것과 일을 열심히 할 자신만의 의미가 있는 것과는 다릅니다.

연애할 때 상대방과 관계를 잘 이어가야 하는 걸 알아도 계속 만나는 게 행복할 것 같지 않다면 의미를 갖기 어렵습니다.

무엇이든 의미를 갖기 어려운 것에는 의욕이 나지 않고, 삶에 의미가 없다고 생각될 때 무기력해 집니다. 그래서 열심히 해야 하는 건 아는

데 열심히 하는 게 잘되지 않는 상황을 만나게 됩니다.

무기력이 힘든 이유는 재미가 없기 때문입니다. 그래서 하루하루가 의미 없이 느껴지고 재미없어진 마음에는 나와 달리 즐거워 보이는 다른 사람들의 이야기가 더는 공감되지 않고 소통도 줄어들며 마음의 문은 점점 무겁게 닫힙니다.

지금 그렇다면 멈춰 서서 새로운 의미를 찾으면 좋겠습니다. 새로운 의미를 찾기 위해서는 기존에 행복이라 생각하며 의미를 부여했던 것들에서 벗어나 마음을 자유롭게 갖고 의미 있는 것을 찾아 나서야 합니다. 왜냐하면 기존에 행복이라고 의미를 부여했던 것들이 더 이상 나를 행복하게 해주지 않기 때문입니다. 큰 종이에 새롭게 찾고 싶은 의미를 적어 보세요. 그렇게 자유롭게 적은 것들이 나에게 지금 의미 있는 것입니다.

뿌예진 유리창으로 밖을 보려고 해도 잘 보이지 않습니다. 무기력해졌다면 마음은 뿌예진 유리창과 같습니다. 그럴 때는 억지로 행복해야 한다 생각하지 말고 멈춰 서서 밖으로 나와 창문을 잠시 닦으세요.

마음을 무겁게 한 먼지를 털어 내세요. 그리고 새롭게 바라보세요. 새로운 의미를 찾는다면 다시 의욕을 찾게 될 거라 믿습니다.

바다에 가면 행복할 것 같아
바다에 갔다.

좋은 건 아주 잠시뿐이었다.

옷을 사면 행복할 것 같아
옷을 샀다.

행복한 건 아주 잠시뿐이었다.

그 사람에게 전화하면
행복할 것 같아 전화했다.

마음이 편해지는 건 아주 잠시뿐이었다.

그러나 그 잠시로
새로운 내일을 그릴 수 있었다.

누구에게나 잠시의
사치하는 시간이 필요하다.

자신을 위한 삶

제가 아는 수영선수는 5년간 하루도 쉬지 않고 매일 수영을 합니다.

제가 아는 글을 쓰는 작가는 10년째 하루도 쉬지 않고 글을 씁니다.

제가 아는 학생을 가르치는 친구는 5년째 매일 새벽 4시에 일어나 공부합니다.

그렇게 하기로 스스로 선택한 것입니다. 그들은 다른 사람을 탓하지 않습니다. 자신의 힘듦으로 다른 사람을 힘들게 하지 않고 그렇게 하는 게 얼마나 어려운지를 오래 생각하지 않습니다. 선택한 힘듦으로 자신이 얼마나 불행한지 생각하지 않습니다.

주변 사람들의 말에 영향받지 않습니다. 하기로 한 것을 마음먹고 선택한 것을 할 뿐입니다. 때론 해야 할 일이 하기 싫고 어렵다는 감정이 들기도 하지만 선택한 것을 집중해서 합니다. 그리고 그 시간을 통해 원하는 결과를 얻고 원하는 삶을 만들어갑니다.

우리는 하고 싶은 것을 하면서 살며, 원하는 것을 가진 사람을 보면 자유로워 보인다는 생각이 듭니다. 하지만 그들은 그에 따른 책임을 집니다.

수영선수는 좋은 기록을 내고 높은 연봉을 받아 주변 사람들의 부러움을 사지만 하루도 쉬지 않고 노력하는 책임을 집니다.

10년째 좋은 작품을 만들어가는 작가를 보고 사람들은 부러워하지만 작가는 수년째 고뇌를 멈추지 않고 작품을 만들기 위한 자기관리를 놓치지 않습니다.

유명 학원에서 학생을 가르치는 친구는 적은 시간 일하고 높은 연봉을 받지만 뛰어난 실력을 갖추기 위해 밤낮없이 자신을 끊임없이 성장시킵니다.

우리가 바라보는 빛나는 어떤 모습들은 전부 다 보이지 않는 그늘에서 자신만의 책임을 다합니다. 그렇게 스스로의 삶에 책임지며 빛나는 삶을 만들어가기 위해서는 몇 가지 노력이 필요합니다.

* 내가 선택해 놓고 다른 사람을 탓하지 말아야 합니다.
* 나의 힘듦으로 다른 사람을 힘들게 하지 말아야 합니다.
* 그 두 가지를 하기에 얼마나 어려운지 오래 생각하지 말아야 합니다.

* 선택한 힘듦으로 자신이 얼마나 불행한지 생각하지 말아야 합니다.
* 하기로 한 것을 미루지 말아야 합니다.
* 신념 앞에서 주변 사람들의 말에 흔들리지 말아야 합니다.

그것이 자신이 원하는 삶을 만드는 방법이며,
꿈을 현실로 만드는 방법이고 자유롭게 사는 방법입니다.

어떤 걸 선택해야 할지 모를 때는 책임지고 싶은 걸 선택하면 됩니다. 그리고 선택한 뒤 어려워서 책임을 지지 않는다고 해도 실패가 아닙니다. 다시 책임지고 싶은 모습을 선택해 나가면 됩니다. 그래야 내가 정말 원하고 책임지고 싶은 삶을 찾을 수 있습니다.

그러나 자신을 작게 바라봐 책임지기 싫은 일밖에 자신이 할 수 있는 게 없다고 생각한다면 자유가 없다는 생각이 들고, 현재의 내 모습이 싫어집니다. 원하는 삶이 아니라는 생각이 들고, 자신의 변화에 초점을 맞추지 않고 다른 사람 때문에 내가 원하는 삶이 아니라 생각 들고, 뭐든 선택은 내가 해놓고 다른 사람을 탓하며 살아가게 될 수 있습니다.

자유는 막연히 꿈꾸는 사람에게 찾아오는 것이 아닙니다.
오늘 선택한 모습에 책임을 다할 때 찾아옵니다.
그리고 자유가 있다고 믿는다면 언제든 다시 꿈꿀 수 있습니다.
어쩌면 인생은 공평하지 않습니다. 누군가는 더 많은 것을 갖고 태어

나고 누군가는 비교적 어려운 상황에서 시작합니다. 하지만 그것보다 더 중요한 것이 있습니다. '나'는 현재 나의 행복을 만들어 갈 수 있는 유일한 사람이라는 사실입니다. 당장 할 수 없는 일들에 슬퍼하기보다는 할 수 있는 일들을 해 나가야 합니다.

지금은 행복의 노랫소리가 속삭이듯 작게 들려도 언젠가는 내 귓가에 또렷하고 선명하게 흘러나와 그동안 열심히 살아온 나를 위로해줄 겁니다.

무엇을 하느냐에 집중하기보다
원하는 것을 하고 있는가에 집중해야 합니다.

실패의 확률에 집중하기보다
만들어가고 싶은 성공의 확률에 집중해야 합니다.

어떤 사람으로 기억될지보다
지금 나는 어떤 사람인지에 집중해야 합니다.

지나간 실수에 집중하기보다
지금 그 실수를 만회할 기회에 집중해야 합니다.

그래야 더 행복할 수 있습니다.

마음이 원하는 것을 들어줄 때 자존감이 높아진다

여러분은 자존감이 무엇이라 생각하나요?

단단하고 흔들리지 않는 모습, 남의 시선을 신경 쓰지 않고 할 말을 다 하는 모습, 말한 건 모두 지켜내고 목표를 이루어내는 모습, 강해 보이지만 배려심도 깊어 주위 사람들을 잘 챙기는 모습 등.

만약 어떤 모습이든 스스로가 정한 모습을 완벽히 해내지 못해 많이 힘들어하고 있다면 자존감이 낮은 사람입니다. 자존감이 높다는 건 자신의 마음에 집중하며 마음이 좋을 수 있는 상태로 만들어가는 사람입니다.

그렇기에 때론 원하는 것이 무엇인지 몰라 우유부단해지기도 하며 선택을 자주 바꾸기도 하고 의욕이 없기도 하고 때론 열정적이지만 때론 불안해하기도 하고 자책도 합니다. 그러나 그런 자신에 대해 많이 괴로워하지 않고 다시 좋아질 수 있다는 자기 믿음이 강한 사람이 자존감이 높은 사람입니다.

자존감이 낮은 사람은 어떤 좋은 모습을 만들고 그 모습이 되지 않으면 많이 힘들어합니다. 예를 들어 인간관계에서 어떤 모습이 돼야 하는데 그렇지 못했거나, 상대방에게 내가 바라는 모습이 있는데 내가 생각하는 모습과 달라 힘들어하거나, 꿈꾸는 삶이 있는데 현재와 많이 달라 힘들어하거나, 새로운 일을 하면 행복할 것 같은데 새로운 일을 하지 못해 힘들어하거나, 무엇이든 원하는 모습이 되지 않으면 많이 힘들어합니다.

위에 나열한 모습들은 그렇게 될 수 있다면 내가 행복할 것 같아서 세운 목표일 겁니다. 그러나 그렇게 되지 못했을 때도 마음을 잘 보살필 수 있다면 강한 마음을 가진 사람이고 높은 자존감을 가진 사람입니다.

내가 생각하는 좋은 모습일 때만 나를 좋아할 수 있다면 행복하기 어렵습니다. 인생에서 목표를 이룬 순간보다 목표를 이루기 위한 연습의 시간이 훨씬 많기 때문입니다. 그리고 어떤 하나의 모습이 돼야 한다고 생각하는 건 사실 굉장히 위험한 생각입니다.

살다 보면 상황에 따라 필요한 모습도 다르고, 때론 내가 생각하는 중요한 모습을 바꿔야 하고, 때론 원했던 것을 포기하는 것이 현명하며, 마음을 내려놓는 게 지혜로울 때가 있습니다.

살다 보면 예측할 수 없는 상황이 너무 많아 그러한 날들 속에서 행복하기 위해서는 스스로 그렇지 못한 순간에 마음을 잘 보살피는 것입니다. 내 마음에 집중하며 마음이 안 좋을 때 좋아질 수 있는 방향을 스스로에게 묻고, 좋아질 수 있는 상태로 만들어가기 위해 노력하는 것입니다.

내 마음이기에 가장 깊게 바라볼 수 있고 꼭 필요한 것을 해줄 수 있습니다.

자신감

자존감

모두 당신 안에 있습니다.

당신이 잘 지켜주어야 합니다.

다 채우지 못한 마음은 즐거움으로 채우는 것

사람은 누구나 다 채우지 못한 마음의 공허함이 있습니다. 아무리 노력해도 채워지지 않고 애써도 채워지지 않습니다. 무리하게 많은 일을 해도 채워지지 않습니다. 마음의 구멍은 원래 누구나 있는 것이기 때문입니다. 구멍이 생긴 이유는 살아오면서 간절히 원했던 바람들이 이루어지지 않을 때입니다.

그 공허한 구멍을 잊고 살아가지만 힘듦으로 마음이 멈춰 서게 될 때 텅 빈 구멍이 느껴지고 공허함이 찾아옵니다. 공허함이 찾아오면 나의 일상이 어딘가 부족해 보입니다. 그래서 공허한 마음을 채우기 위해 무언가를 할 때 완벽해야 한다는 마음이 강해집니다. 그리고 그때는 내 마음만큼 이해해주지 못하는 상대방에게도 서운함이 커집니다.

그 순간에 공허함을 어떻게 채울 수 있을까요? 공허함은 완벽이 아닌 즐거움으로 채울 수 있습니다. 즐거우면 공허함은 자연스럽게 사라집니다. 그럼 지금이 내가 원하는 완벽한 상황이 아니어도 괜찮습니다. 즐거움이 생기는 순간 완벽해야 한다는 생각과 일상을 엄격하게 바라보던 마음이 줄어듭니다. 즐거운 순간은 완벽하지 않아도 되고 그 자체로 좋기 때문입니다.

나의 즐거움은 무엇인가요?
나는 무엇에 즐거워하는 사람인가요?
요즘 나의 삶에 즐거움이 빠져 있나요?

그럼 다시 즐겁게 살아갈 수 있게, 즐거울 수 있는 일들과 관심사를 찾아보세요.
찾아보는 것만으로도 공허한 마음이 한결 좋아질 겁니다. 기분 좋은 길을 걷듯 즐거움을 찾아보세요.

내가 좋아하는 끝이 보이지 않는 울창한 숲을
걷다 보면 행복한 내가 보인다.

내가 좋아하는 아침에 마시는 커피 한 잔으로
여유로운 내가 보인다.

내가 좋아하는 책 한 권으로 복잡한 마음이
정리되는 내가 보인다.

지금 보고 싶지만
보이지 않는 내 모습은

나에게 보고 싶은 시간을 오랫동안 선물하지 않아서이다.

바람은 계절을 닮고
마음은 보고 싶은 시간을 닮는다.

너무 오랫동안 분노에 사로잡혀 있지 말자

아무리 노력해도 달라지지 않는 상대방을 향해 노력할 때 분노가 생깁니다. 계속 이해하고 배려해도 달라지지 않는 상대방으로 인해 지쳐갑니다. 그동안의 노력이 의미가 없다고 느껴져 이해하려고 노력했던만큼 분노가 생깁니다. 분노가 생기면 아무것도 할 수 없게 돼, 답답한마음에 더 큰 분노가 생깁니다.

분노의 대상을 오랫동안 보지 않으면 분노는 사라지지만 자주 봐야하는 사람이라면 잠시 괜찮아질 때쯤 얼굴을 또 마주하게 돼서 다시 분노가 생깁니다. 이러한 상황이 반복되면서 점점 마음이 피폐해집니다.

이러한 시간이 반복되면 가장 괴로운 건 나입니다. 지금 그런 상황이라면 나를 돌아봐야 합니다. '나는 왜 이렇게 분노하는 상황까지 왔을까?' 생각해봐야 합니다. 그건 상대방을 지나치게 배려하는 마음 때문에 그럴 수 있습니다. 지나치게 상대방에게 맞춰 주려는 마음이 강하고 감정에 공감하는 마음이 큰 사람은 진심으로 상대방의 힘듦을 보고, 진심으로 상대방의 삶이 좋아지길 바라고, 진심으로 상대방과 좋은 관계로 남고 싶은 마음에 많은 것을 맞춰주고 이해하려고 노력하지만 시간이 갈수록 내가 힘들어질 때 화가 납니다.

그럼 어떻게 하면 좋을까요? 상대방을 어디까지 이해할 수 있을지 노력의 양을 미리 정해보세요. 할 수 있는 만큼 노력하고 상대방이 바뀐다면 관계는 더욱 가까워지겠지만 바뀌지 않는다면 더 이상 노력하지 말고 내 삶을 잘 살아가는 데 집중해 보세요.

왜냐하면 그 사람은 어차피 내가 노력한다고 해도 달라지지 않을 사람입니다. 그래야 더 이상 힘들지 않을 수 있습니다. 어떤 관계도 내가 힘들고 상대방은 편한 관계는 좋은 관계가 아닙니다.

비슷한 마음은 서로 끌어당기는 힘이 있습니다. 미움이 커지면 상대방도 나에 대한 미움이 생깁니다. 긍정의 마음이 커지면 상대방도 나에 대한 긍정의 마음이 커집니다. 그러나 살다 보면 긍정의 마음을 보내도 미움만 돌아오는 안 맞는 사람도 있습니다. 그때 할 수 있는 건 보낼 수 있는 긍정의 양을 정해보는 것입니다. 돌아오지 않으면 더 이상 마음에 담아두지 않는 것입니다.

이미 노력의 양을 정해서 노력했는데도 힘들다면 너무 많이 신경 쓰고 있어서 그렇습니다.

더 이상 생각하지 마세요. 분노는 분노하는 사람을 가장 힘들게 합니다.

오늘같이 날씨 좋은 날 그동안 힘들었던 나를 위해 즐겁게 살아갈 수 있었으면 좋겠습니다.

일일이 상저에 의미를 두기보다
어떤 사람을 만나느냐에 의미를 두면서
시간이 걸려도 좋은 사람을 찾아가자.

답답할 때 잠시 거리를 두는 게 필요하다

오래전, 겉으로 보기에 항상 밝고 건강해 보이던 친구가 우울증과 공황장애 진단을 받았다는 이야기를 들었습니다. 힘들어하는 모습을 보고 어떤 말을 해줘야 할지 몰라 한참 망설였던 기억이 아직도 납니다. 시간이 흘러 친구를 다시 만나게 되었고 다행히 한결 편안해진 모습이었습니다. 근황을 물어보니 요즘은 마음이 편하고 답답했던 마음도 사라졌다고 말했습니다. 그럴 수 있었던 이유를 묻자 친구는 2가지를 말해줬습니다.

첫째, 나를 힘들게 하는 것과 거리를 뒀어. 예전에는 여러 이유 때문에 마음을 먹지 못했는데, 숨이 잘 쉬어지지 않을 정도로 답답하고 괴로워지니 알겠더라고.

'더 이상은 내가 힘들면 안 되겠다.', '더 이상은 내가 버틸 수 없겠다.',

'힘든 생각에서 조금이라도 벗어나자.', '제발 살자.' 그래서 마음을 먹었어.

　행동의 거리든 마음의 거리든 조금씩, 조금씩 거리를 두었어. 처음에는 어색했지만 시간이 지나니까 그 거리가 익숙해지더라. 그리고 거리가 생긴 만큼 스트레스가 줄고 답답함이 줄어들었어.

　어릴 때는 말이야. 힘들면 포기하면 안 되고 극복해야 한다고만 배웠어. 그래서 그렇게 하지 못하면 의지가 없고 나약한 사람이라 생각했는데 그게 아니었어. 견디기 어려운 불에서 마음이 조마조마 타들어 가면서 그 불을 무조건 극복해야 강하다는 생각은 잘못된 생각이었어. 견디기 어려운 불을 만났다면 거리를 두면 된다는 걸 깨닫게 되었어. 내가 감당할 수 있는 거리에서 그 불을 볼 수 있는 삶의 기술을 터득하게 된 것 같아. 인생은 모든 걸 극복하는 여행이 아니라 내가 극복하고 싶은 것들을 극복하며 살아가도 되는 여행이더라고.

　둘째, 나를 힘들게 하는 목표를 잠시 내려놓았어. 그동안 노력한 시간들 때문에 내려놓는 게 쉽지는 않았지만, 주변 사람들의 시선도 걱정되었지만 잠시 모든 걸 내려놓았어. 처음에는 불안했지만 내려놓는 순간 숨이 쉬어지더라.

　정신이 맑아지고 컨디션이 회복되면서 앞으로 내가 해야 할 것들과 하지 않아도 될 것들이 자연스럽게 보이더라고. 중요하지 않은 목표와 정말 중요한 목표가 보였어. 그 시간이 잃어버린 나를 찾게 도와주었고 나를 찾게 되니 마음이 편해지더라.

그동안 마음이 불편했던 건 남들보다 속도가 느려서가 아니라 이해하고 싶지 않은 상황에서 계속 억지로 이해해야 한다고 생각해서였구나라는 생각이 들었어. 그러다 보니 내가 열심히 살아도 잘살고 있다는 생각보다 '이렇게 사는 게 맞을까?'라는 의문이 자주 들었던 것 같아.

힘들었던 이유를 아니까 내가 조금씩 이해되더라고.

"나의 힘듦을 부정하고 나는 늘 괜찮아야 한다 생각한다면 행복할 수 없다는 걸 깨달았어. 힘든데 괜찮을 수도 없고 행복할 수 없잖아. 나조차도 힘듦을 바라봐주지 않는다면 당장은 어떨지 몰라도 앞으로는 계속 불행할 것 같더라고. 그래서 나는 용기 내서 내 행복을 선택했어. 늘 무언가를 해내야 한다 생각해서 힘들었는데 그 생각에서 잠시 쉬어 가기로 했어. 그때 마음이 조금씩 괜찮아지더라."

인생에서 정말 중요한 건 뭘까.

거리를 둔다는 건

잃어버린 호흡을 찾아

잠시 숨을 고르고 마음을 가다듬으며

더 멀리 가기 위해

꼭 필요한 시간이 되지 않을까.

아침에 일찍 일어나면 좋은 이유

매일 아침 늦게 일어나는 사람이 있었다. 직장에 지각하기 일쑤였고 지각하지 않는다 해도 겨우 시간에 맞춰 도착했다. 당연히 도착하자마자 정신없이 일해야 했고 겨우 정신을 차릴 때쯤 오후가 되어 있었다. 늘 정신없이 오전이 지나가고 무슨 일을 했는지 기억나지 않을 때가 많았다. 시간이 지나 진급시험이 있었고 동기 중에 자기만 시험에 떨어지자 정신이 번쩍 들었다. 모든 원인이 아침 시간에 있다는 생각이 들었다. 그래서 평소 아버지처럼 생각하는 직장에서 30년간 근무한 경험이 있는 은사님과 이야기 나누게 되었다.

"아침 시간을 잘 활용하는 방법이 있을까요?"

그러자 은사님은 말했다.
"아침 시간을 잘 활용하는 방법은 3가지가 있습니다."

첫째, 일찍 일어나는 것입니다. 몇 시에 일어나나요? 9시 출근인데 7시 30분에 일어나면 아마 출근하기 바쁠 겁니다. 겨우 도착해서 업무를 볼 테고 오전 시간은 금방 지나갈 겁니다. 아침 시간을 잘 활용하고 싶다면 딱 1시간만 일찍 일어나 보세요.

1시간이면 충분합니다. 그 1시간이 1년 뒤의 모습을 바꿀 수 있습니다. 6시 30분에 일어나세요. 그리고 10분 정도는 스트레칭도 하고 차도 한 잔 마시세요. 그리고 50분 동안 필요한 책을 읽으세요. 50분 읽는 책이 1년, 2년 쌓여 방대한 지식을 만들어 내고 생각하지 못한 기회를 만들 겁니다.

예를 들어 누구와 대화해도 자신 있고 문제가 생길 때 남들은 생각하지 못한 방향으로 문제를 해결해 낼 것입니다. 재테크 책을 꾸준히 봤다면 돈을 현명하게 투자해 기하급수적으로 재산을 늘릴 수도 있습니다.

물론 압니다. 아침에 1시간 일찍 일어나는 게 얼마나 어려운 일인지. 그런데 생각해 보세요. 어차피 인생은 어렵습니다. 1시간 더 자나 1시간 덜 자나 어차피 어렵습니다.

그러나 준비가 잘된 사람은 똑같은 인생을 살아도 훨씬 더 쉽게 살아갈 수 있습니다. 기회란 나와 맞는 좋은 상황이 올 때까지 기다리는 것이 아니라 지식과 능력을 계속 키워나가면서 만들어가는 것입니다. 그건 준비된 사람만 할 수 있고 아침 1시간이 기회를 만들어 갈 수 있게 해줄 겁니다.

둘째, 아침에 해야 할 일을 전날 저녁에 다이어리에 적어 두세요. 아침에 일어나서 그날 할 일을 정하면 늦습니다. 아침에 일어나 피곤한 상태에서 할 일을 정하면 할 수 있는 일도 귀찮아 빼놓을 수도 있고 아니면 하기로 한 일을 잊어버릴 수 있습니다. 전날 그날 아침에 해야 할 일을 적고 지켜나가세요.

* 아침에 꿀물 한잔 마시기
* 책 50페이지 읽기
* 10분 명상하기
* 5분 동안 좋아하는 음악 들으며 기분 좋은 상상하기

그렇게 좋은 마음으로 하루를 시작하면 하루가 달라 보입니다.

셋째, 그날 해야 할 일을 이미지트레이닝 해 보세요. 아침을 잘 준비하면 정신도 일찍 깨어 오전에 해야 할 일들을 더 잘할 수 있습니다. 아침에 준비된 생각과 마음이 어려운 일도 잘 해낼 수 있게 도와줍니다. 달리기 선수는 시합 전에 수천 번의 이미지트레이닝을 합니다. 달릴 때의 공기, 달릴 때의 속도감, 경쟁자의 모습, 자신이 끌어올려야 할 힘, 목표한 기록 등. 그렇게 이미지트레이닝을 하고 달리면 속도를 더 낼 수 있다고 합니다. 이미 머릿속으로 많이 준비했기 때문입니다.

아침에 그날 해야 할 일들을 이미지트레이닝 해 보세요. 아마 그전과 다르게 안정감 있게 말하고 안정감 있게 일을 처리하는 당신의 모습을 보며 주변 사람들은 당신을 더욱 신뢰할 겁니다.

"성과를 내기 원하는 곳에 가서 마음의 준비 없이, 바로 해야 할 일에 임한다면 좋은 성과를 내기 어렵습니다. 많은 준비는 목표한 일보다 더 많은 것을 해낼 수 있게 하고, 준비되지 않은 마음은 작은 변수에도 큰 불안을 느끼게 합니다. 그래서 준비된 사람과 준비되지 않은 사람은 시간이 지나 격차가 벌어집니다."

게으름을 고치기 위해서는

많은 물건을 소유하려 하지 말아야 하고

한번에 멀리 가려 하지 말아야 하고

불필요한 것에 많은 힘을 쓰지 말아야 한다.

매일 조금씩 하는 노력이

당신을 가장 많이 변화시킨다.

할 일을 미루다 보면 잘할 수 있는 일이 줄어든다

어느 청년이 할 일을 미루는 습관을 고치고 싶어 했다. 할 일을 미루다 보니 어느 일 하나 제대로 마무리하지 못하고 끝내는 경우가 많았다. 그 습관은 인간관계에서도 안 좋게 작용했다. 약속을 자주 미루게 되고, 지키지 못 할 말을 자주 하게 되고, 미루다 보니 상대방에게 먼저 다가가는 일도 줄어들자 가까운 사람들도 점점 멀어졌다.

그러다 청년은 선배를 만나게 되었다. 선배가 일하는 모습을 보며 주어진 일들을 척척 해내는 모습이 멋있게 보였다. 선배에게 말했다.

"할 일을 미루는 습관이 있을 때 고칠 방법이 있나요? 그것 때문에 주변에서도 저한테 뭐 하나 맡기기 어렵다며 신뢰를 잃기도 해요. 저도 바뀌어야 하는 건 알지만 그게 쉽지 않아요."

그러자 선배는 말했다.

"할 일을 미루지 않는 3가지 방법이 있어."

첫째, 지금 하는 거야. 생각이 들면 바로 하는 거지. 할 일을 자꾸 미루는 이유는 나중에 더 잘하려고 하는 마음 때문이야.

그런데 생각해 봐. 너에게 10시간이 주어졌다면 뒤의 1시간, 2시간에 급하게 일을 처리하는 게 나을까? 동일한 집중력을 발휘하기는 어렵지만 10시간 전부터 시작하는 게 좋을까? 청소를 한다고 생각해 봐. 1시간이면 할 수 있는 청소를 내내 미루다 며칠 뒤에 다른 일과 겹쳐 급하게 20분 만에 청소를 해야 한다면 잘할 수가 없어. 뭐든지 미리 한다고 생각하는 게 좋아. 왜냐하면 막상 미뤄서 하려고 할 때 또 다른 바쁜 일이 생길 수 있거든. 그럼 해야 할 일도 못 하고 갑자기 닥친 일도 못 할 수 있어. 약속을 잡았다면 미루지 말고 먼저 가 있어. 먼저 가면 기다리게 될 수도 있지만 인생에서 얻게 되는 게 훨씬 많을 거야.

고민하며 미뤄서 나중에 좋은 방법을 떠올릴 수도 있겠지만 사실은 일을 미루는 건 습관이야. 습관을 바꾸기 어려우니까 자신이 더 편한 쪽으로 일을 계속 미루는 거고 그 결과가 좋지 않게 다가올 때마다 익숙한 습관을 바꿔야 하는 걸 알지만 어려워서 바꾸지 못하는 거야.

지금 해. 지금 하는 거야. 지금 하면 오히려 할 일을 다 하고 나중에 시간이 남아. 그 시간을 또 다른 걸 하는 데 쓸 수 있어.

둘째, 한번 정한 건 꼭 지키는 거야. 정한 걸 계속 바꾸다 보면 시간이 지나 해 놓은 일이 하나도 없을 수 있어. 계속 바꾸느라 뭐 하나 제대로 한 게 없거든. 그러나 정한 것 하나는 꼭 지킨다면 시간이 지나도 한 가지 일은 처리할 수 있어. 숙제를 하기로 했으면 숙제를 해. 단어를 외우기로 했으면 단어를 외워. 청소를 하기로 했으면 청소를 시작하는 거야.

작은 일을 지키지 못하면 앞으로 큰일을 할 수 있는 기회는 오지 않아. 작은 일이 어렵게 느껴지는 이유는 작은 일을 미뤄서 한번에 처리하려고 하니 많게 느껴지기 때문이야.

숙제를 바로 하지 않고 미루다가 한번에 하려고 하고, 단어를 외우기로 하고 외우지 않고 한번에 외우려 하고, 청소를 하기로 하고 하지 않고 한번에 하려고 하면 해야 할 게 많아져서 어려운 일이 돼 있어 하기 싫어져. 그럼 또 말을 바꾸고 미루게 돼. 한번에 하기로 한 일은 한번에 끝내야 해.

셋째, 마음에 활력이 없고 무기력하면 일을 자꾸 미루게 돼. 마음이 무기력할 때는 3가지 경우인 것 같아.

* 미운 사람이 있을 때
* 좋은 일이 없을 때
* 오랫동안 새로운 시도를 하지 않았을 때

활력을 찾기 위해서는 주변 환경을 바꿔야 하고 활력이 없다면 할 수 있는 일들도 안 하게 돼.

활력을 찾으려면 3가지 노력을 하는 게 좋은 것 같아.

* 싫어하는 사람과 거리두기
* 좋아하는 것 찾기
* 일주일에 한번은 새로운 곳에 가보기

"그리고 미리 결과가 안 좋을 거란 생각도 활력을 잃게 해. 일상에서 마음의 활력을 찾는다면 해야 할 일을 미루지 않고 삶에 주어진 숙제를 차근차근 해나가는 게 재밌다고 느껴질 거야."

3부 고민의 답_사랑

마음이 가장 빛나는 순간

결혼, 작은 약속을 오래 지켜나가는 것

5년간 연애 끝에 두 사람이 결혼했다. 하지만 결혼 후에 자주 부딪히는 문제 5가지가 있었다.

* 생활 패턴이 너무 다르다는 것
* 문제가 생겼을 때 풀어가는 방식이 다르다는 것
* 돈을 관리하는 습관이 다르다는 것
* 상대방에 대한 예의와 배려의 범주가 다르다는 것
* 서로가 믿고 의지하는 만큼 말 한마디에도 큰 상처가 된다는 것

5가지 문제로 두 부부는 자주 다투게 되었다. 그러다 두 사람은 앞으로 5가지 노력을 하며 사랑을 지켜나가기로 했다.

* 무슨 일이 있어도 상대방 이야기를 끝까지 들어주고 나와 다름을 이해한다고 말하기
* 문제를 풀어가는 방식이 다르다면 각자의 방식을 존중해 번갈아 가면서 상대가 원하는 방식으로 풀어나가기
* 돈을 각자 관리하되 내용을 상세히 공유하기
* 어떤 일이 있어도 서로 믿기
* 서로 사랑하는 만큼 사랑을 자주 표현하기

그렇게 두 사람은 노력했고 놀라운 변화를 만나게 되었다고 한다.

첫째, 밖에서 힘든 일이 있을 때 서로에게 제일 먼저 말하게 되었고,
둘째, 다름을 인정하니 의견이 다른 것이 두렵지 않아
생각을 자주 공유하며 더 좋은 방향을 찾아갈 수 있었고,
셋째, 돈을 각자 관리하니 더욱 책임감 있게 관리하면서
내용을 공유하여 앞으로의 경제적 계획을 함께 세울 수 있었고,
넷째, 상대방의 사랑이 느껴져 문제가 생겼을 때
이해의 폭이 넓어지며 불안했던 마음은 편하게 바뀌었고,
다섯째, 서로에게 서로가 최고라 생각되면서 더 많은 부분을
노력하게 되었다.

"다르다고 생각하는 부분을 맞춰 나갈 수 없다면 함께하기 힘듭니다. 그러나 반대로 다르다는 걸 받아들이고 두 사람만의 약속을 정해

지켜나간다면 충분히 맞춰갈 수 있다고 생각합니다.

다만 그것은 어려운 것이기에 자기 삶에 너무 게으르거나, 아무런 발전을 원하지 않거나, 하기로 한 일을 제대로 하지 않거나, 앞으로 뭘 해야 하는지 고민하지 않거나, 자신에 대해 너무 부정적이거나, 상대방이 자신에게 져 주어야 사랑받는다 생각하는 사람과는 사랑을 지켜나가는 게 어려울 수 있습니다.

상대방을 향해, 서로 좋은 마음으로 계속 연습하고 노력해야 하는 부분이기 때문입니다. 결혼은 축복이지만 노력 없는 결혼은 가장 큰 불행일 수 있습니다. 함께하기로 마음먹었다면 이해해주기를 기다리지 말고 이해하며 대화를 시도해 보세요. 그럼 시간이 지나 큰 신뢰와 믿음이 생기며 관계는 더욱 깊어집니다. 서로에게 깊게 의지할 수 있게 되고, 살면서 다가오는 어려움을 함께 이겨낼 수 있게 됩니다. 그럼 더 이상 혼자란 생각이 들지 않고 든든한 마음이 생기고 하고자 하는 일에 대한 열정도 올라가게 됩니다."

마음이 시릴 때
사랑하는 사람 곁에 있으면
마음은 금세 녹고

얼굴에는 봄을 닮은 미소가 핀다.

마음이 시릴 때
혼자라 생각 들면
마음은 얼어붙고
좋은 일에도 미소가 지어지지 않는다.

사랑이 찾아왔다면
사랑의 감정을 소중히 대해야 한다.

사랑은 쉽게 찾아오지 않고
아주 어렵기도 하지만
자주 너를 웃게 할 것이다.

연인과 다투었다면 화해하는 방법

　자주 다투는 연인이 있었다. 작고 사소한 일로 다투다 보면 몇 년간의 만남이 무색해질 정도로 안 보는 게 좋을 것 같다는 식의 대화가 오고 갔다. 다툰 후 여성은 집으로 돌아와 10년 차 결혼 생활 중인 선배에게 전화해 고민을 말했다.

　"선배 서로 이별을 얘기한다면 이제 마음이 없는 거죠? 정말 좋아하면 이별을 얘기하지 않죠?"

　그러자 선배는 말했다.
　"이별을 이야기하는 경우가 상대방을 좋아하지 않아서 덤덤히 말하는 경우도 있지만 안 좋은 감정에서 말하는 이별은 보통 아무리 대화해도 상대가 달라지지 않을 것 같다는 생각에 말하게 돼. 더 이상의 대화는 무의미하다는 생각에 마지막에는 힘든 마음을 상대방이 알아줬으면 해서 이별을 꺼내게 되는 거지.

물론 그동안 진심으로 정말 좋아했다면 그렇게 해서 한번에 헤어지지는 않아. 보통 그런 과정을 몇 번 반복하다가 일상이 피폐해지고 이제는 정말 상대방을 안 보는 게 내가 더 행복할 것 같다는 생각이 자리 잡을 때 이별을 결심하게 되지.

연애를 시작하는 건 상대방에 대한 마음이지만 이별을 선택하는 건 다툰 후의 행동이야. 어떤 행동을 하느냐에 따라 만남을 이어갈지 이별할지 결정하게 돼."

그러자 여성은 물었다.

"그럼 다툰 후 어떤 말을 해야 하죠? 화가 나고 분에 차서 상대방이 이해되지 않는데 차분하게 '너를 다 이해해.' 이렇게 말하기 어렵지 않나요?"

다시 선배는 말했다.

"물론 그렇지. 한두 번 그렇게 할 수 있다고 해도 매번 그렇게 하기는 어려워. 아마 계속 그런다면 싸움을 피하려고 억지로 그렇게 시늉을 하는 것일 뿐일 거야. 다툰 후에 하면 좋은 5가지 방법을 알려줄게."

첫째, 기다리는 거야. 상대방이 감정적으로 대화하지 않고 차분히 대화할 수 있을 때까지.

둘째, 상대방 이야기를 들어줘. 기다리면 상대방은 자신이 왜 그랬는지 설명할 거야. 이미 이렇게 대화를 하고 있다는 것 자체가 더 싸울 마음은 없다는 거야. 서로 잘 지내고 싶다는 거지. 대화가 안 되면 말로는 "우리는 끝이야."라고 말할지 모르지만 이렇게 행동하는 것 자체가 아직 서로가 더 노력하고 싶은 거야. 그때 이야기를 들어줘. 그러나 상대방 이야기를 들으면서 내 얘기도 같이하려 하면 어려워져. 상대방은 듣지 않을 수도 있거든.

셋째, 상대방 이야기를 다 듣고 그 부분에 대해서 미안하다고 해. 내가 그런 의도가 아니었더라도 상대방은 기분 나쁜 의도로 받아들였다고 하면 기분 나쁜 게 맞으니깐. 서로가 사랑하는 마음은 같아도 생각은 다를 수 있다는 걸 명심해야 해.

넷째, 그리고 이제 네가 왜 그랬는지를 설명해주면 돼. 그때 왜 그랬고, 어떤 게 서운했는지. 그냥 솔직히 네 감정을 말하면 되는 거야.

다섯째, 마지막에는 진짜 마음을 꼭 얘기해 줘. 이렇게 고민하고 대화하는 건 앞으로 계속 함께하고 싶은 마음 때문이라고. 다툼이 서로에게 상처가 되는 건 그만큼 서로를 많이 좋아하기 때문이라고. 그러니 앞으로 노력하자고.

"그런데 만약 상대방 이야기를 다 듣고 네 이야기를 하는데도 듣지 않고 계속 자기 말만 한다면 그 사람이 너를 사랑하는 마음과 별개로 누군가와 사랑할 기본 소양이 돼 있지 않은 것일 수 있어.

예를 들어 함께 배를 타고 떠나기로 하고 같이 노를 저어야 하는데. 상대방은 노를 안 젓겠다는 거야. 너 혼자 다 저으라는 거지. 그럼 얼마나 황당해.

그 순간에는 맞춰주고 넘어갈 수 있을지 모르지만 결국 배는 얼마 가지도 못할 거고 간다고 해도 함께 배에 있는 시간이 힘들어 다시 돌아가고 싶을 거야.

그런 사람과의 만남은 만나기 전으로 시간을 되돌리고 싶다는 생각 밖에 들지 않을 거야.

그러니 지금 만나는 사람이 어떤 사람인지 생각해 봐. 사랑할 기본 매너조차 없다면 네가 사람을 잘못 본 것일 수도 있거든. 사랑은 겉모습, 착한 마음으로만 할 수 없어. 사람과 사람이 함께 시간을 보내야 하기에 기본적인 매너, 소양, 배려 등의 행동이 꼭 필요해. 그런 모습이 갖춰져 있지 않은 사람이라면 오래 함께하기는 어려울 수 있어.

그리고 5가지 방법이 하기 싫고 상대방이 내가 화났을 때 나를 일방적으로 풀어주길 바란다면 그냥 헤어져. 그건 상대방을 괴롭히는 거야. '사랑하니까 나에게 더 많이 양보해야 해.'라는 생각은 결국 사랑하는 사람을 힘들게 해.

사랑하니까 서로 사랑을 많이 주기 위해 노력해야 하는 거지. 근데 너는 상대방이 원하는 사랑은 주지 않으면서 상대방에게 양보만 바라는 건 사랑이 아니야. 너만을 위한 어떤 공식 같은 생각이지. 그런 계산의 공식은 어떤 사랑도 아름답게 만들 수 없어.

정말 사랑한다면 다툼을 풀고, 함께한다는 것 자체가 소중했던 일상의 행복으로 돌아갈 수 있었으면 좋겠어."

사랑하는 사람과 만나는 동안 가장 슬픈 건
상대방의 어떤 작은 잘못이 아니었다.
사랑하는 사람을 잃어버리게 된 것이었다.

매력적인 말투를 쓰는 사람

20년간 결혼 생활을 해온 여성이 있었다. 남편과 결혼하게 된 이유를 묻자 여성은 "시간이 지나도 변하지 않는 상대방의 매력적인 말투"를 이유로 꼽았다. 그리고 매력적인 말투의 5가지 특성에 대해 말했다.

첫째, 말을 아끼는 사람이에요. 말을 할 때도 짧게 핵심만 말해요. 상대방을 굳이 설득하려 하지 않고 자기 생각만 짧게 말하는 거죠. 그리고 난 뒤 상대방의 생각도 잘 들어줘요.

자존감이 높으면 굳이 상대방을 설득하려고 하지 않는 것 같아요. 생각을 전했다면 상대방이 받아들이든 받아들이지 않든 크게 개의치 않고 좋은 관계를 만들어 가는 거죠.

둘째, 쉽게 아는 척하지 않는 겸손한 사람이에요. 살다 보면 생각도

175

다를 수 있고 내가 다 안다고 생각하지만 틀릴 수도 있거든요. 그걸 아는 사람이 인간관계에서 지켜야 할 중요한 선을 아는 사람이라 생각해요.

그런데 내가 다 안다고 생각해서 상대방에게 이래라저래라하는 건 처음에는 그럴 수 있다고 해도 시간이 갈수록 잔소리처럼 들리고 불편한 대화를 피하기 위해 상대방에게 맞춰주게 되는 관계가 만들어지는 것 같아요. 그래서 아는 것도 쉽게 아는 척하지 않고 확실히 아는 부분에서 확실히 말해야 할 때 말하는 사람이 매력적인 말투를 가진 사람이라 생각해요.

셋째, 먼저 칭찬하는 사람이에요. 칭찬이 얼마나 어려운지 한 사람을 오래 만나다 보면 느끼게 돼요. 새로 본 사람, 새로운 동료, 새로운 관계에서는 어렵지 않은데 정작 나와 제일 가깝고 나에게 제일 소중한 사람, 제일 오래된 사람에게는 칭찬이 잘 나오지 않아요. 그 이유는 말 안 해도 알거라 생각하거나 아니면 내가 칭찬을 많이 하면 관계에서 우위를 뺏겨서라고 생각해서 일지도 몰라요. 그런데 막상 칭찬을 많이 하면 자신도 행복해요. 그만큼 긍정적으로 상대방을 바라보게 되고 마음도 평화로울 수 있는 거죠. 그리고 사람은 누구나 칭찬을 받아 기분 좋으면 내가 정말 그 칭찬과 닮은 사람이 되기 위해 노력하게 돼요.

넷째, 공격적이지 않은 사람이에요. 대화가 처음부터 끝까지 공격적인 사람이 있어요. 꼭 싸우기 위해 준비하고 있는 사람 같죠. 조금만 자신에게 불쾌한 말을 들으면 몇 배로 받아쳐서 관계를 끊기게 하는 사람이에요. 어느 정도 이해의 공간은 필요하다고 생각해요. 상대방이 의도치 않게 내 마음을 상하게 할 수 있고, 나 역시 그렇고요. 공격해서 상대방을 끊어내는 방식으로 문제를 해결해내는 사람은 매력적이지 못한 사람이라 생각 들어요.

다섯째, 상황에 맞게 해야 할 말과 하지 말아야 할 말을 구분할 수 있는 사람이에요. 예를 들어 누군가 립스틱을 바꿔서 기분 좋아져 있어요. 그런데 굳이 "그거 별로야."라고 말하지 않는 거죠. 상대방이 묻지도 않았는데 자신은 솔직한 사람이라 생각해서 상대방 기분을 망칠 필요는 없다고 생각해요. 상황에 맞게 해야 할 말과 하지 말아야 할 말을 구분하지 못하는 사람은 대개 말을 할 때 자기 마음만 생각해서 말하는 경우가 많아요. 일방적인 대화로 끝나버리는 경우가 많죠.

"이렇게 그 사람이 갖춘 5가지 말투가 결혼해도 앞으로 행복할 수 있을 것 같다는 확신을 주었어요."

말의 모양은 천차만별이다.

말은 칼이 되기도 하고
세상에서 가장 따뜻한 봄이 되기도 한다.

말로 모든 게 끝나고
말로 새롭게 시작된다.

말은 길이며
말은 모습이 된다.

말을 많이 할수록 점점 어려워지고
말을 줄이면 점점 좋아진다.

삶을 바꾸고 싶다면 말투를 바꿔야 하고
말투를 바꾸는 순간 삶은 변한다.

성격과 말투는 닮았고
좋은 말투는 좋은 성격을 만든다.

당신이 하는 모든 말이 중요한 이유다.

거리를 두면 좋은 5가지 유형의 사람

　사업가 모임에서 어느 연설가가 말했다. "인생은 누구와 함께하느냐
가 중요합니다. 예를 들어 나는 운동을 좋아하는데 연인이 운동을 열심
히 하는 것을 이해하지 못한다면 당신은 운동하는 내내 마음이 괴로울
것입니다. 자존감이 낮아진 날에는 어쩌면 '운동을 많이 하는 내가 잘
못된 건가?'라는 생각이 들 수도 있습니다. 그 사람과 함께하기 전에는
좋아하는 운동을 열심히 해서 행복을 느끼고 건강한 몸을 만들고 싶다
고 생각했지만 이해하지 못하는 사람과 가까이 지내다 보니 그 사람으
로 인해 당신이 하고자 하는 걸 잘하기 어려워집니다.

　다른 예로 당신이 어떤 신념을 가지고 살아가지만 당신의 신념이 잘
못됐다고 생각하는 사람과 함께하게 된다면 역시 신념을 지켜나가는
내내 힘들 것입니다. 그래서 누구와 함께하느냐가 정말 중요하고 당신

을 이해할 수 있는 사람과 함께해야 합니다. 인생에서 내가 응원하고 싶은 사람과 나를 응원해주는 사람이 같을 때 '마음이 잘 맞는 사람'이라고 정의합니다.

지금 누구와 함께하고 있나요? 마음이 잘 맞는 사람과 함께하고 있나요? 그렇다면 다행이지만 그렇지 않다면 앞으로 거리를 두면 좋은 5가지 유형의 사람이 있습니다."

첫째, 당신을 이해하지 못하는 사람입니다. 이해하지 못하는 사람은 당신을 자주 바꾸려 합니다. 매일 당신이 얼마나 틀렸는지를 말합니다. 그럼 그 자체가 큰 스트레스가 됩니다.

물론 예외는 존재합니다. 예를 들어 직장을 다니는데 매번 지각한다면 다른 사람에게 피해를 주는 것입니다. 그건 당신이 바꿔야 할 문제 행동이 맞습니다. 다른 사람에게 피해를 주거나 하기로 한 일을 제대로 하지 않거나 안 좋은 말을 하는 습관이 있어 주변 사람들과 사이가 계속 좋지 않다면 당신이 바뀌어야 합니다. 그러나 다른 사람에게 피해를 주는 것이 아닌데도 당신을 자신의 기준으로 바꾸려 하는 사람들에게 귀 기울여서는 안 됩니다.

자기 삶이 원하는 만큼 만족스럽지 않은 사람은 주변 사람을 자신이 보기 좋게 바꾸려 합니다. 그러한 사람들과 함께하면 피곤합니다. 일일이 왜 바뀌지 않아도 되고, 내가 생각하는 게 무엇인지 매번 얘기해서 그들을 설득해야 하기 때문입니다. 불필요한 논쟁이 계속됩니다. 그러다 보면 내가 하고자 하는 일도 놓치게 되고 그러한 사람으로 인해 피해를 보게 된다는 생각에 억울한 마음이 찾아오기도 합니다.

내 할 일을 열심히 하는 사람이 함께하기에 가장 좋습니다. 기대기만 하려고 하는 사람은 기대려는 마음이 끝이 없고, 당신이 할 일을 할 때 당신에게 기댈 수 없다 생각된다면 당신을 이해하지 못하고 당신을 바꾸려고 할 수 있습니다. 자기 삶의 부족한 것을 스스로 채우기 위해 노력하는 사람과 함께하면 앞으로 서로 더 좋은 모습을 기대할 수 있습니다.

둘째, 무언가를 시작하려 할 때 그 일이 얼마나 어려운지 자주 얘기하고 실패할 수밖에 없는 이유를 말하는 사람입니다. 그 사람은 대개 자신의 인생에서 별다른 도전을 하지 않는 사람입니다. 그래서 자신이 도전하기 어려운 이유를 당신에게 계속 말하는 것입니다. 살면서 우리가 가장 많이 받게 되는 스트레스는 말로 인한 스트레스입니다.

하고자 하는 일에 100% 집중해도 될까 말까 한데 마음이 힘든 말을 계속 듣다 보면 시작도 하기 전에 포기하고 싶어집니다. 도전 앞에서 성공할 수 있는 이유를 먼저 찾는 사람들과 함께하면 좋습니다. 그들은 당신의 도전을 긍정적으로 바라보고 이해하며 잘 해낼 거라 진심으로 말해줍니다. 왜냐하면 그들도 도전 앞에서 자신을 그러한 마음으로 대하고 있기 때문입니다.

셋째, 변명하는 사람입니다. 자기 잘못을 인정하지 않고 변명하는 사람과 함께하면 사실과 상관없는 의미 없는 대화를 계속 나누어야 합니다. 과거의 실수보다 현재의 모습을 중요하게 생각하는 사람은 변명하지 않습니다. 실수를 받아들이고 새롭게 변하는 모습을 선택합니다. 현재를 중요하게 생각하는 사람은 변화에 두려워하지 않고 변화를 선택해 나갑니다.

넷째, 자신보다 잘난 사람 앞에서는 작아지고 자신보다 부족하다고 생각하는 사람은 무시하는 사람입니다. 그러한 사람은 자기중심적으로 생각하고 세상을 이분법적으로 봅니다.

성공했거나 실패했거나
돈이 많거나 적거나
능력이 좋거나 없거나
잘났거나 못났거나

세상을 그렇게만 바라봅니다. 하지만 세상은 결코 이분법적이지 않습니다. 세상에는 다양성이 존재합니다. 어떤 사람은 실패했지만 새로운 과정을 통해 성공하기도 하고 어떤 사람은 경제적으로 어려웠지만 열심히 공부하여 여러 과정 끝에 경제적 부를 이루고 그 부를 사람들을 위해 쓰기도 합니다. 어떤 사람은 어릴 적 받지 못한 사랑으로 힘들어

하지만 좋은 사람을 만나 상처를 극복하고 살아가게 됩니다. 모든 사람에게는 다양성이 있고 다양한 과정이 존재합니다. 인생은 과정의 연속이고 결과는 인생 끝에 가야 알 수 있습니다.

상대방의 겉모습보다 내면을 볼 줄 아는 사람과 함께하면 좋습니다. 내면을 바라보는 사람은 당신이 힘들 때 공감해주고 이해해 줄 수 있는 사람입니다. 과정 없는 결과는 없습니다. 결국 과정이 중요합니다. 무조건 성공하는 과정이 아닌 자기 삶을 만들어가고 있는 과정인지가 중요합니다. 우리는 저마다 각자의 방식으로 삶을 만들어가기에 그 과정에서 필요한 건 결과로 당신을 판단하는 사람이 아니라 좋은 결과를 만들어 갈 수 있게 당신의 과정을 응원해주는 사람입니다.

다섯째, 배려와 친절을 당연하게 생각하는 사람입니다. 세상에 당연한 친절과 배려는 없습니다. 우리는 모두 그 사실을 기억하며 살아가야 합니다. 누군가에게 친절과 배려를 받았다면 꼭 돌려줘야 합니다. 그것이 세상에 놓인 친절과 배려를 지켜내는 일입니다. 친절과 배려를 받는 것을 당연하게 생각하며 상대방에게 차가움과 날카로움으로 대한다면 사람에 대한 애정이 많았던 사람도 어느새 점점 애정이 줄어듭니다.

웃음이 많았던 사람이 웃음이 줄어듭니다.
밝았던 사람이 마음에 그림자가 생깁니다.

배려가 많았던 사람은 경계심이 생깁니다.

사랑이 많았던 사람이 상처가 생깁니다.

왜냐하면 아무리 도움을 주고 배려해도 상대방으로부터 좋은 마음이 돌아오지 않기 때문입니다. 그리고 당신이 스스로에게도 친절과 배려를 베풀 수 있기를 바랍니다. 자신에게 없는 친절과 배려를 다른 사람에게만 베푸는 일은 자신에게 상처가 됩니다.

자신에게 온정을 줄 수 있는 사람이 결국 타인에게 온정을 줄 수 있습니다.

평생 함께할 사람이
많아야 하는 건 아닙니다.
많지 않아도 마음 맞는 사람으로 인해
하루는 희망으로 가득 차고
좋은 생각들로 가득 채워질 수 있습니다.

존경받는 사람이 되는 법

인간관계에 어려움을 느끼는 사람이 있었다. 친절하게 사람들을 대했지만 처음에는 그런 자신을 좋아했던 사람들이 시간이 지나 자신을 가볍게 대하고 무시한다는 생각이 들어 속상한 마음이 들었다. 그렇다고 사람들에게 갑자기 차갑게 대하자니 성격상 그건 더욱 어렵게 느껴졌다. 친절하고 밝은 모습으로 사람들과 잘 지낼 수 없을까 고민하던 차에 오랜 친구와 만나 이야기 나누게 되었다.

"내가 보기에 너는 친구이지만 보고 배울 점이 많은 것 같아. 내가 지키고 싶은 모습을 잃지 않으면서 다른 사람에게 존경받는 사람이 될 수 있을까?"

친구는 말했다.
"내 생각에는 3가지 모습을 지키는 게 중요한 것 같아."

첫째, 아닌 것에 있어서 명확히 아니라고 말할 수 있어야 한다고 생각해. 아닌 상황에서도 그 상황을 그냥 좋게 넘기는 것이 좋은 사람이라는 생각에 빠져 행동하게 되면 다른 사람들이 봤을 때는 '쟤는 이러든 저러든 좋아하는구나.'라고 생각하게 될 것 같아.

우리가 존경하는 사람은 내가 닮고 싶은 모습을 가진 사람이잖아? 그러나 이래도 좋고 저래도 좋은 사람을 우리가 닮고 싶어 하지는 않는 것 같아. 왜냐하면 그 모습에 '나도 그러고 싶다.'는 공감이 되지 않거든. 그래서 무조건적인 친절보다는 나만의 기준이 있는 친절이 훨씬 좋다고 생각해.

예를 든다면 나는 나에 대해서 쉽게 말하는 상황을 그냥 웃으며 좋게 넘기지 않아. 적어도 상대방이 그렇게 말하면 내가 기분이 나쁘다는 걸 표현해. 그럼 상대방도 다음부터는 행동을 조심하는 것 같아. 내 생각을 말하는 모습을 보고 이해가 되고 공감이 되었다면 타인도 비슷한 상황에 놓이면 그런 모습이 되고 싶다고 생각하고 나의 그런 점들을 좋아해 주는 것 같아.

둘째, 내 생각을 다 말하려는 습관은 상대방으로부터 존경받기 어려운 것 같아. 상대방은 궁금해하지도 않고 이해가 되지 않는데, 또 나와 생각이 다르고 더 듣고 싶지 않은데, 자세한 이야기가 필요 없는데, 나

혼자 다 말해야 마음이 편할 것 같아서 말하려고 하다 보면 듣는 사람을 배려하지 못하게 되는 것 같아. 나의 그런 행동이 반복되면 상대방은 다음부터 내 이야기가 길어질 것 같으면 내용의 중요도와 상관없이 집중해서 듣지 않게 돼. 내 말에 집중하고 있지 않다는 것 자체가 나를 존경한다고 할 수는 없는 것 같아.

우리는 닮고 싶고 좋아하는 게 있으면 집중하게 되잖아. 그래서 집중받고 인기 있는 사람이 되기 위해 노력하는 건 중요한 것 같아. 인기 있는 사람은 상대방의 마음을 나에게 끌고 올 수 있는 사람이야. 그러기 위해서는 상대방이 필요한 이야기나 기분 좋아지는 대화를 자주 나누면 좋을 것 같아. 그렇게 힘을 빼고 그 정도의 대화에 집중만 해도 어떤 무리에서든 나의 인기는 올라갈 거야. 오히려 타인을 너무 의식해 무리하게 힘을 줘서 말하고, 힘을 줘서 행동하고, 혼자 말하려는 습관은 무리에서 나의 이야기에 집중도와 인기를 잃게 하거든.

셋째, 내 역할에 따라 말하고 행동하는 게 중요한 것 같아.
동생들에게 존경받고 싶다면 언니답게 행동해야 하고,
회사에서 존경받고 싶다면 업무를 잘 해내는 회사원답게 행동해야 하고,
친구들 사이에서 존경받고 싶다면 좋은 친구답게 행동해야 하고,
모임에서 존경받는 사람이 되고 싶다면 모임의 뜻에 맞는 구성원답게 행동해야 해.

그런데 내가 내 역할을 하지 않다 보면 나는 밝고 친절한데 왜 나는 존경받지 못할까라는 고민을 마주하게 되는 것 같아.

"위의 3가지 행동을 중요하게 생각하고 지속적으로 지켜낸다면 이전보다 인간관계가 훨씬 쉽고 재밌게 느껴질 거야.

그 이유는 사람은 누구나 누군가 자신을 좋아해 주면 기분이 좋거든. 그러니 나를 존경해주는 사람들이 많아질수록 기분 좋게 인간관계를 해나갈 수 있을 거야.

그리고 마지막으로 네가 어떤 모습이든 너를 사랑해주면 좋겠어. 그건 아주 큰 자신감이 되거든. 자신감이 없으면 어떻게 해야 하는지 머리로 알아도 행동하기 어려울 수 있어.

행동하지 못하는 좋은 생각은 결국 생각에만 머무르고 힘듦에서 너를 도와줄 수 없으니까. 네가 너를 아끼고 사랑해주며 다른 사람에게도 존경받는 사람이 될 수 있기를 응원할게."

우리는 일상을 기록해야 한다.
글은 상처를 치유하기 때문이다.

우리는 슬픈 일을 기록해야 한다.
같은 슬픔을 피해 가기 위해서다.

우리는 기쁜 일을 기록해야 한다.
그날 얼마나 기뻤는지 그날의 내가
가장 잘 알기 때문이다.

우리는 미래를 기록해야 한다.
나의 기록이 앞으로 어떤 방향을
선택해야 하는지 알려주기 때문이다.

우리는 고마운 일을 기록해야 한다.
내가 느낀 고마움보다
상대가 나에게 준 마음이 더 크기 때문이다.
두고두고 오랫동안 보며
고마운 마음을 간직해야 한다.

기록할 때 쓰고 나서 마음에 안 드는 내용은 버려도 된다.
예쁜 글씨가 아니어도 된다.
그날의 감정과 그날의 담고 싶은 기록이 담겨져 있으면 된다.

나중에 보면 슬픈 일은 더 이상 슬픈 일이 아닐 테고
기쁜 일은 내가 무엇을 좋아했던 사람인지 알게 해준다.

미래를 적었던 일과 지금의 모습이 달라도 실망할 필요 없다.
열심히, 가야할 현실을 잘 걸어온 것이다.
미래를 적었던 일과 지금의 모습이 같다면 주위 사람들의
도움을 기억해야 한다.

고마운 일에 고맙다고 말하지 못하면
고마움은 미안함으로 변한다.

어떤 건 견디기 힘든 일이었을 텐데 잘 지나왔다.

결혼하고 싶은 그대

이른 나이에 결혼을 결심한 여성이 있었다. 주변의 몇몇이 여자에게 물어보았다.

"일찍 결혼을 선택한 이유가 있어?"

여자는 말했다.

"처음부터 확신을 가지고 '이 사람이다.'라고 결혼을 생각한 건 아니야. 만나다 보니 결혼하면 좋겠다는 생각이 들었어. 선택하게 된 이유는 3가지야."

첫째, 나를 기다려줬어. 처음에는 그 사람을 좋아하지 않았거든. 외모도 이상형이 아니었고 센스 없는 말투도 호감이 가지 않았어. 그런데 그 사람은 늘 내 곁에서 나를 기다려준다는 생각이 들었어.

내가 힘들 때면 다른 사람들은 힘듦에서 얼른 괜찮아져야 한다고 말하는데 그 사람은 그럴 수 있겠다며 힘듦이 지나갈 때까지 기다려줬어. 기쁜 일이 있어 그 사람이 아닌 주위 사람들에게 먼저 연락할 때도 옆에서 나의 기쁜 일이 더 잘되기를 응원해주고 기다려줬어. 시간이 지나 알겠더라고. 센스 있는 말투, 호감 가는 외모보다 그 사람의 마음이 나에게 훨씬 더 호감으로 다가온다는 걸. 다른 사람이 내게 줄 수 없는 걸 그 사람은 내게 줄 수 있는 정말 큰마음을 가진 사람이라는 걸.

둘째, 성실함이었어. 경제적으로 여유는 없었지만 정말 성실했어. 하루는 아침부터 새벽까지 연락이 안 된 날이 있었어. 말 한마디 없이 연락이 안 되는 상황이 화가 나는 거야. 그래서 그 사람이 운영하는 가게를 찾아갔거든? 아침부터 새벽까지 정말 손님이 많았고 직원도 나오지 않아 혼자서 그 많은 손님을 받으며 정신없이 일하고 있는 거야. 연락을 안 해서 서운했던 마음이 눈 녹듯이 사라지더라고 그렇게 자신의 인생을 성실하게 살아가는 모습이 멋지더라. 만약 해야 할 일을 미룬 채 매일 나에게만 연락했다면 오히려 나는 결혼을 생각하지 않았을 거야.

셋째, 착한 마음이었어. 그 사람도 사람이기에 다른 사람에게 상처 주는 말도 하고 때론 사람으로 힘들어하며 미워하기도 했지만 늘 자신이 더 잘해주지 못한 사람들을 떠올리며 마음 아파했어. 그리고 주변 사람들에게 잘해주고 그들을 이해하기 위해 노력했어.

"나이가 든다고 우리가 인생에 모든 정답을 알까? 그럴 수 없을 거야. 중요한 건 옳은 방향을 잃지 않기 위해 노력하는 모습이라 생각했고 그 사람에게 그런 모습이 보였어.

예를 들어 함께 산을 오르는데 목적지를 모른다고 퉁명스러운 모습으로 산을 오르는 게 아니라 웃으면서 옳은 방향을 찾아가기 위해 애쓰는 모습이 그 사람을 빛나게 했어."

언제 봐도 좋은 사람
어제보다 좋은 사람이 있다.

함께할수록
겸손한 마음을 배우게 되고
빛나는 추억이 쌓이고

함께하고 싶은 일들이
늘어나는 사람이 있다.

오래 보고 싶은 사람을 만나면
마음은 그렇게 변하게 된다.

그렇게 사랑하게 된다.

사랑을 지키는 방법

매일 다투던 연인이 있었다. 서로 생각이 다르고 함께하는 게 힘들다 생각했다. 그러나 아직 좋아하는 마음이 남아 있어 앞으로 달라질 수 있을까 하는 마음에 헤어지지 못하며 두 사람은 힘들어했다.

매일 누가 더 옳은지 따지고 서로 자신의 마음을 상대방이 알아주길 바랐다. 자신이 옳다고 생각하여 상대를 바꾸기 위한 대화가 반복되었고 이제는 지쳐 그만 만나는 게 낫겠다는 결론에 도달했다.

그러던 중 두 사람은 어느 노부부와 대화를 나누게 되었고 많은 반성을 하게 되었다.

노부부에게 물었다.

"함께하다 보면 서로 생각이 다르거나, 상대방이 나를 힘들게 한다고 생각해 다투게 되지 않나요?"

노부부는 말했다.

"물론 그럴 때도 있어요. 그러나 그럴 때는 빨리 푸는 게 중요해요. 그리고 서로 이해하기 위해 정말 많이 노력해야 하는데 그러기 위해서는 상대방이 나를 사랑한다는 느낌이 들어야 노력하고 싶어져요."라며 사랑을 지켜올 수 있었던 방법 5가지를 말했다.

첫째, 옳고 그름을 따지지 않는 거예요. 옳고 그름을 따지는 건 의미가 없어요. 그냥 내가 더 옳다고 계속 말하는 거밖에 되지 않아요. 이해하기 위해 노력하는 사람을 만나세요. 서로의 이해가 만나면 서로 사랑받는다는 느낌이 들거든요.

둘째, 대화를 많이 나누세요. 작은 일상의 대화부터 고민하고 있는 힘든 이야기와 기분 좋은 이야기까지. 평소 대화를 많이 나누면 다툼이 있을 때 상대방을 많이 이해할 수 있게 돼요. 그러나 대화가 많이 없으면 상대방의 행동만 보고 오해하기 쉬워져요. 오해가 생기면 대화를 해도 대화가 잘 되지 않고 서로의 입장만 얘기하게 될 수 있어요.

셋째, 먼저 미안하다고 하세요. 누가 먼저가 되었든 그건 중요하지 않아요. 만약 먼저 미안하다고 했는데 그런 나를 무시하고 함부로 대하는 사람이라면 함께하지 마세요. 미안하다고 말했을 때 같이 미안하다고 말할 수 있는 사람과 만나세요. 미안하다고 하는 건 옳고 그름을 떠나서 상대방의 마음을 아프게 해서 미안하다는 말이에요. 그 말 한마디가 어떤 논리적인 말보다 상대방이 당신을 진심으로 이해하기 위해 노력하게 도와줄 거예요.

넷째, 너무 오래 토라지지 마세요. 나만 옳다 생각하여 오래 토라져 있으면 상대방도 지치고 더 대화하고 싶어지지 않아져요. 그럼 나는 토라진 나에게 더 이상 대화를 시도하지 않는 상대방을 보고 더 큰 서운함이 들 거 아니에요? 그럼 두 사람은 아무런 대화도 할 수 없어요. 내 마음이 중요한 만큼 상대방 마음도 중요하다는 걸 잊지 마세요.

다섯째, 헤어지기로 마음먹었으면 헤어지세요. '이러면 안 헤어져야지.', '상대방이 변하면 안 헤어져야지.', '상대방이 저렇게 하면 안 헤어져야지.' 등 그런 조건부는 결국 상대방을 별로 사랑하지 않는 것입니다. 사랑이 없는 사랑의 시간은 의무감만 남게 되고 두 사람 다 행복하기 어렵습니다.

헤어지기로 마음먹었다면 헤어지세요. 그 과정에서 서로에게 더 상처 주고 힘들게 하지 말고 상대를 바꾸고 설득하려 하지 말고 그냥 헤어지세요. 그러나 헤어질 생각도 없는데 어설프게 헤어짐을 꺼내 상대방 우위에 서려고 하면 안되요. 그건 상대방의 좋아하는 마음을 이용하는 것이고 큰 상처를 주는 행동이에요.

헤어질 게 아니라면 헤어지자는 말을 꺼내지 마세요. 좋은 만남을 이어가기 위해서는 노력해야 해요. 노력 없는 사랑은 사랑이라 보기 어려워요. 그래서 내가 노력하고 싶은 사람을 만나야 합니다.

"사람은 아무리 능력이 좋고 돈과 시간이 많아도, 맛있는 걸 먹고 좋은 옷을 입어도, 마음을 나눌 사람이 없으면 사람은 행복할 수 없습니다. 지금 옆에 마음을 나눌 사람이 있다면 더 잘해 주세요. 상대방은 분명 나를 더 행복하게 해줄 겁니다."

그냥 그 시간이 좋았다.
너와 함께 있는 시간이 좋았다.

너와 함께 있으면
더 많이 웃을 수 있고
불안함은 잠재워졌다.

거친 날들을 달려오느라
날카로워진 마음을
포근하게 감싸는 느낌이 들었다.

너와 있지 못한 날도
너를 생각하며 좋았고

너를 만나고 난 뒤에는
지금 내 모습과
내 발걸음이 더 좋아졌다.

사람을 볼 때 무엇을 보는가

오랫동안 대학원에서 면접을 봐온 교수님과 차를 마실 기회가 있었습니다. 차를 마시며 "사람을 볼 때 무엇을 보시나요?"라고 물었더니 3가지를 말씀해 주셨습니다.

첫째, 저는 인성을 봐요. 그건 곧 그 사람의 앞으로의 태도를 보여주거든요. 인성은 예의 있는 행동에서 나와요. 예의를 모르는 사람은 다른 사람에게 존중받기 어렵습니다. 아직 자신만의 특별한 장점을 발견하지 못한 사람이어도 매너가 훌륭한 사람은 좋은 태도로 주위 사람들과 좋은 관계를 유지해나가며 부족한 점은 배우며 성장할 수 있습니다.

둘째, 진정성을 봅니다. 맡은 일에 얼마나 진심인지. 그걸 알 수 있는 건 작은 일을 얼마나 중요하게 하느냐입니다. 작은 일이라서 중요하게 생각하지 않는 사람은 무슨 일이든 대충하려고 합니다. 대충하는 건 쉽기 때문입니다. 그건 곧 진심이 없다는 말과 같습니다. 큰일은 누구나 중요하게 생각합니다. 하지만 작은 일까지도 중요하게 생각하는 사람은 그만큼 더 진심으로 보입니다. 예를 들어 연인 사이에서 상대방이 나의 작은 말까지 기억해주는 것에 큰 감동을 느끼는 건 그만큼 상대방의 마음이 진심으로 느껴져서입니다. 일도 마찬가지입니다. 작은 것을 중요하게 생각하는 사람, 작은 일이어도 열심히 하는 사람, 맡은 일을 끝까지 해나가는 진심인 사람에게는 더 많은 기회가 찾아옵니다. 누구나 그 사람과 함께 일하고 싶다는 생각이 들기 때문입니다. 누구나 그 사람의 태도를 좋게 바라보고 함께 일하고 싶다는 생각이 드는 건 곧 그 사람의 경쟁력이 되고 그 사람만의 큰 매력이 됩니다.

상대가 내가 중요하다고 생각하는 것은 소홀하게 대하면서 필요할 때만 찾으면 나를 중요하게 생각하지 않고 이용하는 사람으로 느껴집니다. 그런 사람과는 작은 것도 나누기 싫어집니다.

진심인 사람은 당장은 아무도 알아주지 않더라도 시간이 지나면 가장 밝은 빛을 뿜어내는 사람이 됩니다. 모두 그 사람의 진심을 느끼게 됩니다.

셋째, 스스로 마음을 다잡는 태도입니다. 살면서 누구나 흔들리고 불안할 수 있습니다. 누구도 완벽하지 않습니다.

삶이란 어느 날은 괜찮았다가, 어느 날은 힘들었다가
어느 날은 일이 잘되지만, 어느 날은 잘 풀리지 않습니다.
어느 날은 비를 맞았다가, 어느 날은 햇살을 맞게 됩니다.

그런 각기 다른 순간에 나아가야 할 길을 명확히 알고 자신에게 중요한 게 무엇인지 아는 것이 중요합니다. 그럼 일이 잘 풀리든 풀리지 않든 비가 오든 봄이 오든 자기 길을 스스로 정할 수 있는 사람이 됩니다.

하지만 타인이 보기에 좋은 모습을 만들어가는 데 너무 집중하다 보면 또는 타인을 바꾸기 위해 너무 오랜 시간을 쓰다 보면 어느새 공허함과 함께 서운한 마음이 들고 타인의 시선에 마음이 좌지우지됩니다. 그럼 마음의 안정감을 느끼기 어렵고 자주 흔들리게 됩니다.

중요한 건 당장 내가 무엇을 할 수 있냐가 아닙니다. 무엇을 해내고 싶은가입니다.
해내고 싶은 마음의 크기가 결국 능력을 만들어 냅니다.

중요한 건 어떤 것을 두려워하느냐가 아닙니다. 어떤 두려움을 이겨내고 싶은가입니다.
그 의지가 두려움을 이겨내게 도와줍니다.

중요한 건 내가 어떤 일에 무너지고 있느냐가 아닙니다. 어떤 일에도 무너지지 않겠다는 강한 신념입니다.

그 신념이 당신을 무너져도 다시 일어서게 합니다.

위의 생각을 마음에 품고 살아간다면 모든 것이 쉽게 변하고 빠르게 흘러가는 세상 속에서 나를 지켜낼 수 있을 거라 생각합니다.

한 번 용기 낸다면
힘들게 하는 것을 내려놓을 수 있고

두 번 용기 낸다면
원했던 걸 시작할 수 있고

세 번 용기 낸다면
원하는 것으로 바꿔나갈 수 있다.

친구가 많이 없어도 된다

많은 사람과 관계를 맺기보다는 자신의 일에 더 집중하고 싶은 사람이 있었다. 그러나 주변 사람들에게 소홀해질수록 사람들은 서운함을 토로했다. 인간관계를 만들어가는 데 신경을 쓰다 보면 일에 소홀해져 시간이 갈수록 인간관계도 일도 잘되지 않는 이도 저도 아닌 상황이 반복되었다. 그러던 중 우연히 40년 동안 정원사 일을 하는 지인을 만났다.

자신의 고민을 말하자 정원사는 말했다.

"친구가 많이 없어도 되고 잘하고 싶은 일이 우선이라 생각합니다. 그 이유는 3가지입니다."

첫째, 잘하고 싶은 일은 당신을 기다려주지 않습니다. 지금이 아니면 할 수 없습니다. 지금과 같은 마음으로 할 수 없고, 이 시기가 아니면 잘할 수 없을지 모릅니다.

그러나 당신이 행복하고 건강하게 잘 살기를 바라는 친구는 당신을 기다려 줄 겁니다. 하지만 친구라 생각했지만 친구가 아니었던 사람은 기다려주지 않을 겁니다.

둘째, 시간이 지나 잘하는 게 없다면 친구가 아무리 곁에 있어도 위로가 되지 않습니다. 스스로 보기에 자신의 모습이 만족스럽지 못하기 때문입니다. 그런 자신에게 "괜찮아, 지금도 충분해.", "잘하고 있어. 잘 살고 있어.", "너는 괜찮은 사람이야."라는 말이 아주 잠시 위로가 될지 모르지만 현실로 돌아오면 전혀 위로가 되지 않습니다. 내가 좋은 사람이고 괜찮은 사람인 걸 몰라서 힘든 게 아니라 지금 현실의 모습이 마음에 들지 않아 힘들기 때문입니다.

예를 들어 고민 앞에서 가장 현실적인 방법은 이런 것입니다. 당장 옷에 뭐가 묻어 밖에 다니는 게 창피하다면 묻은 걸 지우거나 새로운 옷을 구매하는 것이 가장 현실적인 방법입니다.

당장 경쟁에서 뒤처져 괴롭다면 경쟁에서 뒤처지지 않게 열심히 노력하는 것이 가장 현실적인 방법입니다. 그래서 상황을 현실적으로 냉철히 봐야 하고, 필요한 방법을 스스로에게 제시해야 합니다. 그래야 괴로운 마음에서 나아질 수 있기 때문입니다. 앞으로 뭘 해야 할지, 내가 좋아하는 게 뭔지 모르겠다면 그 시간을 위로할 수 있는 건 저녁에 친구를 만나 내가 하고 싶은 게 얼마나 없는지, 얼마나 괴로운지 계속 말하는 것이 아니라 하고 싶은 것을 당장 한 시간이든 일주일이든 한 달이든 집중해서 찾는 것입니다.

셋째, 아무도 나를 책임져 주지 않습니다. 여유 있는 주변 사람이 때론 나를 도와줄 수도 있고 힘들어하는 마음에 안부를 물어볼 수도 있겠지만 내가 힘들다고 인생 전체를 책임져 줄 사람은 아무도 없습니다. 경제적으로 어려워도 내가 어려운 것이고 마음의 여유가 없어도 내가 없는 것입니다. 당장 어려운 상황을 만나 해야 할 일이 가득하다면 그 일을 할 사람은 나입니다. 누군가 대신 내 인생을 책임져 주지 않습니다. 그건 모두가 그만큼 사는 게 호락호락하지 않기 때문입니다. 산다는 건 마음을 단단하게 가져야 하는 일입니다. 어떠한 경우에도 스스로 인생을 책임지겠다는 강한 마음이 필요합니다.

"잘하고 싶은 일이 있다면 과감히 도전한 뒤 집중해야 합니다. 주변 사람들이 서운해할 수 있지만 그것까지는 내가 해결할 수는 없습니다. 때론 가까운 사람의 서운함은 시간이 지나 얘기할 수 있는 추억이 되기도 하고, 나중에 여유가 찾아왔을 때 다시 만남을 통해 즐거움을 쌓아 갈 수 있습니다. 만약 가까운 사람 모두에게 동일한 시간을 내 동일한 즐거움을 만들어가고 동일한 모습으로 인간관계를 하길 바라는 사람이 있다면 그건 욕심입니다. 모두 상황이 다르기 때문입니다.

저는 매일 아침 필요한 만큼 정원에 물을 줍니다. 그리고 불필요한 가지를 쳐내고 올바른 가지가 더 올바르게 자랄 수 있게 식물을 키웁니다. 인생도 마찬가지입니다. 때에 맞게 필요한 것을 해야 성장할 수 있습니다. 한번에 여러 가지를 해야 한다고 생각한다면 어느 것 하나 제대로 할 수 없을지 모릅니다.”

친구의 정의는
당신이 잘 되면 기뻐하는 사람입니다.

친구의 정의는
당신이 힘들 때 진심으로
위로를 건네는 사람입니다.

친구의 정의는
당신의 곤란한 상황을
같이 고민해주는 사람입니다.

친구의 정의는
당신이 어떤 모습이든
당신을 응원해주는 사람입니다.

생각나는 친구가 있나요?

좋은 사람이 어떤 사람인지 알아야 만날 수 있다

이별 후 힘들어하는 동생에게 언니는 말했다.

"네가 좋은 사람을 만났으면 좋겠어."

"좋은 사람이 어떤 사람인지 모르겠어."라고 동생이 답하자 언니는 좋은 사람을 만나는 방법 5가지에 대해 말했다.

첫째, 우선 좋은 사람이 어떤 사람인지 알아야 해. 단편적인 모습만으로는 상대방을 알 수 없어. 웃음이 많고 밝은 사람을 좋아하니? 아마 누구나 좋아할 거야. 그런데 밝은 사람이라는 이유로 그 사람과 연애를 시작하면 안 돼. 연인이 되었을 때 모든 사람에게 밝고 웃음이 많은 게 나에게 정말 중요할까? 그건 관계를 이어나가는 것과 별 상관없어. 그리고 상대방이 항상 밝고 웃음이 많을 수도 없어. 그래 봐야 다른 사람보다 조금 더 그런 모습이 있는 거지. 그것보다 중요한 건 문제가 생겼을 때 어떻게 대처해 나가는지야. 그런 부분이 좋은 관계를 이어나가는데 훨씬 중요하거든.

단편적인 모습만 보고 좋은 사람이라 생각한다면 실망하게 되고 좋은 만남을 이어나가기 어려워. 그 사람이 살아온 시간을 현명하게 봐야 해. 그건 상대방의 이야기를 들어보면 알 수 있어. 어떤 시간을 살아왔고 문제가 생길 때 어떻게 대처했는지. 그리고 그때마다 어떤 선택을 했고, 어떤 것을 중요하게 생각하는지. 그게 바로 그 사람의 미래의 모습이라 생각해. 그러니 네가 존중할만한 과거를 살아온 사람을 만나면 좋을 것 같아.

둘째, 그 사람의 언어를 들어봐. 어떤 말투와 어떤 톤으로 말하는지. 그것만 봐도 살아가면서 인간관계에서 어떤 노력을 하고, 무엇을 중요하게 생각하는지 알 수 있어. 부드러운 목소리와 배려심 깊은 말투는 추구하는 삶의 방식을 보여줘. 상대방을 기분 나쁘게 하지 않는 태도, 좋은 관계를 유지하려는 세심한 노력, 잘못된 말로써 문제를 만들지 않기 위해 노력하는 마음을 알 수 있어.

셋째, 그 사람이 생각하는 미래를 들어보고 너도 그 미래를 함께하고 싶은지도 생각해 봐. 아무런 미래를 생각하지 않는 사람은 마음에 여유가 없는 사람일 수 있어. 마음의 여유는 무언가를 많이 가져야 나오는 게 아니야. 삶을 바라보는 태도에서 나와. 자기 삶을 긍정적으로 바라보고 더 좋아질 수 있는 가능성이 충분하다고 생각하는 사람은 긍정적인 마음을 바탕으로 자신이 믿는 가능성을 가지고 어떤 삶을 만들고 싶고, 어떻게 살아가고 싶다는 미래를 그리곤 해.

그리고 실제로 그렇게 노력하는 사람은 굉장히 긍정적인 사람이야. 왜냐하면 마주한 문제 앞에서 부정적이기만 한 사람은 그런 꿈을 이루어 나갈 수 없거든. 긍정적인 마음을 가져야 오랫동안 문제를 바라볼 수 있고 포기하지 않고 답을 찾아낼 수 있으니까. 그래서 '나는 긍정적인 사람이야.'라고 말하는 사람보다 더 신뢰가 가는 사람은 바라보는 미래가 있고 그 미래를 위해 노력하는 사람이야.

넷째, 마음의 중심이 있는가야. 중심이 있는 사람은 해야 할 일을 불평불만 없이 해나가는 사람이야. 일상에서 불평불만이 많은 사람은 자신이 선택한 일임에도 어려우면 쉽게 불행하다고 생각하고 부정적인 마음 때문에 선택한 것을 제대로 노력할 수 없게 돼.

그건 사랑에서도 마찬가지야. 사랑은 어려운 순간에 두 사람이 많은 노력을 통해 맞춰나가야 하는데 자신의 마음대로 돼야 좋은 사랑이라 생각하고, 마음대로 안 되면 쉽게 사랑이 불행하다고 생각한다면 불평불만이 많아져 두 사람이 맞춰 나가기 어려워져. 맞춰나가기 위한 노력보다는 상대방이 나를 더 많이 이해해주길 바라거든.

다섯째, 너를 많이 좋아하는 사람이어야 해. 위의 4가지를 갖추어도 진심으로 너를 좋아해 주는 사람이 아니면 만남의 끝에 결국 상처만 남게 돼. 너를 좋아한다는 증거로는 3가지가 있어.

*   자신의 속마음을 자주 말해주는 사람
*   너와 시간을 함께 쓰고 싶어 하는 사람
*   너를 아껴주는 사람

"아직 원하는 사랑을 만나지 못했다고 해도 사랑을 포기하지 마. 이별 뒤에는 언제나 새로운 사랑이 존재하니까. 누군가 너를 진심으로 사랑해주고 너도 누군가를 진심으로 사랑하게 될 거라 믿어."

이미 일어난 일은
경험이 되고

재정비의 시간은
더 큰 도약이 되고

인내는
성장을 주고

어려운 일은
배움을 주고

그 모든 것이 모여
좋은 기회가 온다.

사랑이 끝났다 생각한다면 이별해도 된다

이별을 고민하는 여성이 친한 언니에게 말했다.

"지금 만나는 사람과 만남이 행복하지 않아."

언니는 말했다.

"앞으로 더 좋은 사람을 만나고 내가 더 행복한 모습으로 변해가기 위해 용기 내 이별을 선택해야 할 때가 있어. 그래서 어떤 경우에는 반드시 이별이 필요한 것 같아.

그럼, 이별을 해도 되는 시점은 언제일까? 보통 3가지 경우 같아."

첫째, 나는 더 이상 상대방을 위해 아무런 노력도 하고 싶지 않지만 상대방은 나에게 노력해 주길 바라게 될 때. 사실 그러한 관계는 결국 좋아질 수 없거든. 내가 변하지 않으면서 상대가 변해서 관계가 좋아지길 바라는 건 이기적인 생각이고 상대방에게 상처 주는 행동이라 생각해. 더 이상 노력하고 싶지 않다면 이미 마음은 결정된 것일 수 있어.

둘째, 만나지 않아도 생각나지 않고 오히려 마음이 더 편할 때. 그건 이미 마음이 없는데 책임감과 의무감으로 만남을 이어가는 것일 수 있어. 마음이 없는 관계를 어떤 이유에서 의무감으로 이어간다면 그건 회사를 출근하듯 그냥 일이 되는 것 같아. 안 해도 되는 일을 책임감에 사로잡혀 하다 보면 마음은 불행해져.

셋째, 이별해도 후회하지 않을 거란 확신이 들 때.

그런데 이별을 선택하기 전 3가지 노력이 필요해.

* 할 수 있는 노력을 충분히 해 볼 것
* 상대방을 이해하기 위해 노력해 볼 것
* 온전히 상대방 편이 되어 볼 것

그러나 당장 이별하고 싶은 감정에 사로잡혀 이별을 말해버리면 시간이 지나 3가지 후회의 감정이 드는 것 같아.

충분히 노력하지 않은 것, 이해하기 위해 노력해보지 않은 것, 그 사람 편이 되어주지 못한 것. 그 후회는 오래 남아 마음을 힘들게 할 거야.

"좋다면 좋을 만한 이유가 있는 거고, 싫다면 싫을 만한 이유가 반드시 있는 거야. 좋은 마음이든 싫은 마음이든 자신의 마음을 부정하게 되면 아무것도 선택할 수 없게 돼. 좋아할 수도 없고, 미워할 수도 없게 돼. 그럼 이별해야 할지 말아야 할지 같은 고민만 계속하며 힘들어질 수 있어. 만남이 힘들다면 스스로에게 물어보는 거야. 나는 이제 이별해도 되는 시점인지를.

그렇다고 하면 선택해도 좋을 것 같아."

다시 날이 좋아지면 별 보러 가자.

오늘 뜨지 않은 별은 내일 뜨니까.

오늘의 사랑이 떠나면
내일의 사랑이 인생에 있을 거야.

이별은 오랫동안 바라보고 싶었던 별을
떠나보내는 슬픈 일이지만

나를 행복하게 해주고
내가 행복하게 바라볼 수 있는 별은

밤하늘에 분명 존재할 거야.

서운한 마음이 자주 들 때 하면 좋은 생각

연인에게 자주 서운함을 느껴 힘들어하는 사람이 있었다. 자신을 더 신경 써 주지 못하는 연인에게 서운했고 힘들 때 마음을 몰라주는 것도 서운했다. 그리고 서운한 마음을 이해해주지 못할 때도 서운했다. 그래서 연애를 할 때마다 힘들다는 생각이 들고 상처받는다는 마음이 들었다. 고민은 깊어졌다. 그래서 아무도 만나고 싶지 않다는 생각을 자주 했지만 혼자 있는 시간이 길어지면 외로웠다. 친한 언니에게 고민을 털어놓자 언니는 말했다.

"상대방에게 자주 서운해지는 데는 5가지 이유가 있어."

첫째, 너의 모든 생각이 상대방에게 집중돼 있어서 그래. 뭘 해도 같이하고 싶고 어디를 가도 함께 가고 싶고 항상 시간을 같이 보내고 싶어서 그래. 많이 좋아해서 그런다고 생각할 수 있지만 사실은 나는 혼자서는 행복할 수 없어서 그럴지 몰라. 그래서 자꾸 상대방에게 의존하게 되는 것일 수 있어. 나만 생각하면 좋겠고, 또 상황에 따라 내가 원하는 말을 다 해줄 수 있으면 좋겠고, 작은 것까지 다 기억하고 나를 챙겨주면 좋겠는데 내가 상대방만 바라보고 있으니 상대방이 그렇지 못할 때 더 힘든 거야. 혼자서도 행복할 수 있어야 해. 그래야 건강한 연애를 할 수 있어.

좋은 사람과 함께한다는 사실은 분명 행복한 일이지만 인생에서는 행복한 순간만 있을 수 없고, 행복하기 위해서는 혼자서 해내야 할 일도 많을지 몰라.

예를 들어 네 방이 더러워. 그럼 누가 청소를 해야겠니? 아니면 누가 청소해 줄 때까지 기다려야 할까? 어느 쪽도 너를 위한 게 아니야. 사랑한다는 이유로 사랑하는 사람이 내 방을 치워주길 바라면 안 돼. 내 방은 스스로 치울 수 있어야 해. 내 마음은 스스로 정리할 수 있어야 해. 지금 행복하지 않다면 스스로의 노력으로 행복을 만들어갈 수 있어야 해.

혼자 가고 싶은 곳이 있는지 생각해 봐.
혼자서도 할 일이 있어야 해.
혼자서도 마음이 편안할 수 있어야 해.
혼자서도 때론 감당해야 하고

혼자서도 소중하게 시작된 하루의 고마움을
기억할 수 있어야 해. 너의 인생이잖아.

둘째, 네가 사랑하는 사람을 다른 사람과 자꾸 비교하면 안 돼. 비교하다 보면 서운해질 수밖에 없어. 다른 사람이 가진 장점을 사랑하는 사람이 갖지 못했지만 대신 그 사람만의 다른 장점이 있을 거야. 그러니 비교는 의미가 없어.

특히 TV에 나오는 드라마와 비교하면 안 돼. 여기는 현실이야. 드라마는 16부작으로 끝나지만 인생은 드라마보다 훨씬 더 길거든. 그래서 현실은 많이 달라. 비교해서 어떤 행동이 부족하다고 서운해한다면 누굴 만나도 서운할 거야. 연애는 현실적으로 생각해야 해. 눈앞에 놓인 현실을 바라보고 좋은 점들을 찾아 나가는 거야.

셋째, 먼저 연락해. 연락이 오기를 기다리지 마. 연락이 오기를 기다리면 서운해지거든. 그냥 먼저 연락하는 거야. 나만 먼저 연락한다고도 생각하지 마. 그런 건 중요한 게 아니야. 내가 연락하고 싶고, 목소리 듣고 싶고, 대화 나누고 싶어서 연락하는 거니까 연락한다는 거 자체가 중요한 거야. 그렇게 마음을 가져야 서운하지 않을 수 있어.

넷째, 좋은 시간만 함께 보내려 하지 마. 네가 힘들 때 힘든 것도 말하고 힘든 시간도 함께 보내려고 노력해야 해. 좋은 시간만 함께하고 힘든 시간은 혼자 지나가려 한다면 당연히 서운함이 생겨. 평소 나를 사랑한다고 생각한 사람이 나의 힘듦에 소홀하다 느껴지면 서운하거든. 그러니까 힘듦도 다 얘기할 수 있어야 해. 그래야 상대방도 알고 너를 챙겨줄 거야. 연애를 한다는 건 좋은 시간만 함께하는 게 아니라 힘든 시간도 같이 이겨내는 거야.

다섯째, 두 사람이 함께할 취미를 만들면 좋아. 같은 취미가 있으면 대화할 거리도 더 많아지고 친구처럼 여러 가지를 공유할 수 있게 돼. 취미가 같으면 같이 보내는 시간도 자연스레 늘어나고 서로가 비슷한 생각을 갖게 되면 대화도 더 편해져. 그리고 자주 생각이 같다는 마음이 들면 싸울 일도 줄어들 거야. 상대방의 생각에 공감하는 횟수가 늘어나면 이해도 깊어지거든.

"연애하는 동안 서운할 수 있어. 그러나 계속 서운하다면 나에게도 문제가 있는 거야. 누구든 상대방이 나에게 계속 서운해하고 계속 못마땅해 하면 지칠 거야. 그러니 서운함을 줄일 수 있게 5가지 노력을 해보면 좋을 것 같아."

사람은 처음과 끝이 중요하다

사회생활을 시작하는 딸에게 아버지는 말했다.

"사회생활을 하다 보면 사람 관계에 중요한 것 5가지가 있단다."

첫째, 사람은 처음과 끝이 중요하단다. 처음과 끝을 중요하게 생각하지 않는 사람은 다른 사람에게 좋은 사람으로 기억될 수 없단다. 만나는 과정에서 서로 생각이 다르고 의견이 달라 함께하게 될 수 없을지도 몰라. 그래도 처음과 끝이 좋다면 좋은 사람으로 기억되고 나중에 같은 생각일 때 또 함께하면서 좋은 시너지를 만들어 갈 수도 있단다.

둘째, 속마음을 100% 다 말하지 말아야 한다. 정말 신뢰할 수 있는 사람도 상황에 따라 멀어지기도 하고 너를 존경했던 사람도 너의 부족한 모습을 보고 싫어하게 될 수도 있기 때문이지. 친구라 생각했지만 마음이 맞지 않아 함께하지 못하게 될 수도 있고 좋을 때는 뭐든 다 해줄 것 같지만 막상 멀어지면 사람 마음이 그렇지 않단다. 좋을 때는 100%를 얘기해도 좋지만 안 좋을 때는 100% 다 말한 것들이 후회되고 어쩌면 너의 단점으로 남겨질 수 있어.

셋째, 주변 사람을 잘 챙기는 사람들과 함께하면 행복할 수 있단다. 주변 사람을 잘 챙기는 사람들은 기본적으로 자기 삶에서 사람을 중요하게 생각하는 사람들이거든. 사람들과 어울려 살기를 좋아하고 사람으로부터 행복을 얻는 사람들이란다. 그런 사람들은 많은 정을 주고 또 정을 주는 사람과 마음을 나누며 살아가는 사람이란다. 그런 사람들과 함께해라. 그래야 사람을 통해 행복할 수 있단다. 아무리 네가 잘 챙겨주고 정을 주어도 사람을 중요하게 생각하지 않는 사람과는 멀리하는 게 좋단다.

넷째, 존중받을 수 있는 사람이 되도록 노력해야 한다. 네가 이상한 행동을 하면서, 다른 사람의 신의를 저버리면서, 또는 약속을 지키지 않으면서, 책임감 없이 행동하면서, 안 해도 될 말을 하면서 존중받으려 한다면 다른 사람은 너와 함께하려 하지 않는단다. 그래서 누군가를 탓하기 전에 자신을 꼭 먼저 돌아봐야 한다.

상대방이 나에게 화가 났다면 내가 상대방을 화나게 한 건 아닌지. 그게 작은 행동이든 큰 행동이든 중요하지는 않다. 너의 작은 말과 행동도 돌아볼 수 있는 사람이 돼야 좋은 사람이 될 수 있단다. 말하는 사람은 별거 아니라 생각해도 상처받는 사람은 작은 말에도 상처받을 수 있어. 그 사실을 이해해야 많은 사람에게 상처 주지 않을 수 있단다.

다섯째, 모든 사람과 항상 관계가 좋아야 한다고 생각하지 말아야 한다. 네가 옳은 행동을 해도 옳은 행동을 이해하지 못하는 사람들에게 미움 받을 수도 있고, 네가 신의를 지키기 위해 노력하는 것을 기다리지 못하는 성급한 사람에게 미움을 받을 수 있고, 자신의 감정을 컨트롤하지 못하는 사람을 만나 어쩔 수 없이 그 사람의 기분에 따라 미움을 받을 수도 있단다. 그래서 미움받는 것에 대해 마음을 강하게 가져야 한다.

"미움을 받든 받지 않든 네가 다른 사람과의 약속을 잘 지키고 네가 지키고 싶은 규칙들을 지켜나간다면 어떤 사람도 너를 함부로 대하지 못하게 될 거고 존경받게 될 거라 믿는다."

예민함은 결핍에서 나옵니다. 결핍은 가지고 있지 않은 만큼 채우고 싶은 마음입니다. 채우기 위해 많은 노력을 하지만 채워지지 않을 때 불안이 찾아오고 예민해집니다. 하지만 모든 면에 예민한 사람은 없습니다. 모든 것에 결핍을 가진 사람은 없기 때문입니다.

어떤 건 전혀 신경 쓰지 않지만, 어떤 부분에서는 예민해지고
어떤 건 전부 이해하지만, 어떤 부분에서는 용납이 안 됩니다.

삶에서 많이 신경 쓰고 마음처럼 되지 않아 힘든 부분은 결핍을 가진 부분입니다.

예를 들어 내가 다른 사람에게 어떻게 보일지 중요하게 생각합니다.

타인의 시선을 많이 의식합니다. 그럼 타인의 시선에 따라 감정 기복이 심해집니다. 시선이 좋으면 기분이 좋고 시선이 좋지 않을 때 우울해집니다. 인정받으면 좋고 인정받지 못하면 우울해집니다. 감정 기복이 심하면 불안한 마음이 들고 불안한 만큼 행동할 때 자기 확신이 줄어듭니다. 확신이 줄어들면 행동한 뒤 생각이 많아지고 생각이 많아지면 그냥 넘겨도 될 것까지 깊게 생각해 불필요한 생각이 많아져 삶이 피곤해지고 해야 할 일에 집중하지 못하게 됩니다. 그리고 그만큼 조급한 마음을 안고 살아가게 됩니다.

또 어떤 사람은 타인의 시선을 많이 의식한 만큼 좋은 시선을 만들기 위해 노력합니다. 그로 인해 사람들과의 관계를 부드럽고 좋은 방향으로 이끌어나가는 기술을 갖추게 됩니다. 하지만 시간이 지나 남들이 보기에 좋은 내 모습만 있고 내가 좋아하는 모습은 없어, 내가 좋아하는 게 무엇인지 몰라 주위에 사람이 많아도 공허함과 외로움을 마주할 수도 있습니다. 공허함과 외로움이 반복되면 무기력이 찾아옵니다. 그동안 열심히 살았는데 행복하지 못한 마음을 만나 무기력이 찾아온 것입니다.

또 어떤 사람은 타인의 시선을 많이 의식해, 타인의 시선을 원하는 방향으로 이끌어가기 위해 강한 모습을 취하는 사람도 있습니다. 강한 이미지가 되고 싶고 마음처럼 안 될 때는 타인과 부딪히거나 관계를 쉽게 피해버리기도 합니다. 그러한 사람은 삶에 어떤 틀을 자주 정해 놓고 그것이 인생에서 중요하다고 생각해 타인을 그 틀로 바꾸려 하거나 스스로가 그 틀을 지키지 못할 때 힘들어할 수 있습니다. 사람들 사이에서 자신이 어떤 역할이 되어야 한다는 생각이 강하고 그래야만 행복할 수 있다고 생각해 그렇지 못할 때 많이 힘들어합니다.

타인의 시선을 많이 의식하는 이유는 좋은 시선을 받아야 행복할 수 있다고 생각하기 때문입니다. 그 이유는 어릴 적 잘하지 못한 순간에 안도의 시선을 받지 못하고 무언가를 잘했을 때만 좋은 시선을 받고, 사람들이 보기에 좋은 어떤 모습이 돼야만 마음에 안도를 느낄 수 있는 상황이어서 그렇습니다. 그래서 어른이 되어서 좋지 않은 시선을 받거나 타인으로부터 인정받지 못하면 불안이 생기고 예민해집니다.

하지만 위에서 말했듯이 모든 면에 결핍이 있는 사람은 없습니다.

내가 중요하다고 생각하는 모습이 인정받지 못하면 크게 불안하고 예민해집니다. 그 부분이 내가 결핍이 있는 부분이어서 그렇습니다.

만약 내가 어떤 상황에서 내 마음처럼 되지 않아 자꾸만 예민해진다면 예민함을 줄이기 위해 어떻게 결핍을 채워나갈 수 있을까요? 결핍은 쉽게 말해 원하는 '좋음'이 부족한 상태입니다. 그래서 좋음을 선택하며 채워나갈 수 있습니다.

좋음을 선택한다는 건 어떤 걸까요?

우리는 보통 좋음을 이루어지길 바라는 완벽한 상황으로 생각하거나 현재는 할 수 없지만 미래에 생기면 좋을 일 정도로 생각합니다.

예를 들어

"외국에서 한 달 동안 살고 싶어."

"돈이 많으면 좋겠어."

"모두가 나를 좋아하면 좋겠어."

"매일 여행만 다니면 좋겠어."

"한 달만 쉬고 싶어."

물론 그것들이 나의 좋음이 될 수 있지만 지금 선택할 수 있는 좋음이 아닙니다. 당장 이루어질 수 없는 좋음만이 나의 좋음이라고 생각하고 살아간다면 그 일을 경험하기 전까지 좋을 수 없습니다. 불안을 만났을 때 계속 불안한 채 살아가야 합니다.

그럼, 마음처럼 안 되는 상황에서 결핍을 채워 나갈 수 있는 좋음이란 무엇일까요?

아주 간단한 예를 들어보겠습니다.

밥과 샐러드가 있습니다. 당신은 밥을 먹어야 좋은 사람입니다. 밥에 대한 결핍이 있어요. 밥을 먹지 않으면 불안한 사람입니다. 그런데 옆에 있는 친한 사람은 샐러드를 먹고 싶어 합니다.

그럼 어떻게 하겠어요? 밥을 먹겠어요? 샐러드를 먹겠어요? 혼자 있다면 그냥 밥을 먹겠지만 친한 사람이 있다면 고민하겠지요. 밥에 대한 결핍을 채우는 방법은 우선 스스로에게 물어보는 것입니다. '지금 상황에서 어떻게 하면 내가 좋을까?'를.

그럼 두 가지 선택지가 나올 겁니다.

1. 밥 먹는 걸 선택한다면 나는 밥을 먹어 좋지만
   샐러드를 먹고 싶어 하는 사람은 서운해할 것이다.
2. 샐러드를 먹으면 나는 밥을 못 먹어서 불안하지만
   샐러드를 먹는 사람은 좋아할 것이다.

여기서 어떻게 하면 좋을지 다시 나에게 물어보는 것입니다. 나에게 선택의 자유를 주는 것입니다. 그러나 선택할 때 좋은 것만 갖고 싶고 거기에 따르는 안 좋은 것은 가지지 않으려는 마음은 어떤 것도 선택 못 하게 만듭니다. 그건 내 욕심 때문에 선택을 못 하는 것입니다.

예를 들어 나는 밥을 먹고 싶고 샐러드를 먹고 싶어 하는 사람이 그냥 나를 이해해 주면 좋겠다는 생각 같은 건 선택지에 없습니다. 나를 이해할 수도 있고 이해하지 않을 수도 있습니다. 나를 이해하지 않는다고 미워할 필요 없습니다. 그건 그 사람의 자유입니다. 나는 내가 할 수 있는 자유에 집중하면 됩니다.

나는 어떤 것을 선택하겠어요? 인생의 매 순간이 선택의 문제를 풀어나가는 것이고 내가 결핍이 있는 부분에서 큰 불안을 느끼고 예민해지는 것입니다.

선택은 최선의 선택을 해야 합니다. 모든 것이 완성된 최고의 선택지는 없습니다. 그건 애초 선택지에 놓여 있지 않고 내 삶에서 최선의 선택을 모아 바라는 최고의 삶을 만들어가는 것이기 때문입니다.

그리고 분명한 건 최고가 아닌 삶도 괜찮습니다. 돌이켜보면 최고가 아니었어도 최선을 다한 삶에 우리는 충분히 만족할 수 있기 때문입니다.

자, 그럼 두 개의 선택지 중 1번이 최선이라 생각하여 밥을 선택했다면 나는 어떨까요? 불안하지 않을 겁니다. 지금 밥을 선택했으니 밥을 먹지 못해 불안한 나의 결핍이 좋음으로 채워진 것입니다.

그리고 시간이 지나 다음에 친한 사람과 다시 같이 식사를 하게 되었습니다.

그럼 나는 밥을 선택할 수도 있고 샐러드를 선택할 수도 있습니다. 나에게 물어보는 것입니다. 어떤 선택을 해야 좋을지를.

'어떤 선택이 지금 나에게 최선의 선택인가?'를 묻는 것입니다.

1. 밥을 선택하면 샐러드를 먹고 싶어 하는 사람이 서운해한다.
   하지만 나는 밥을 먹어 좋다.
2. 샐러드를 먹으면 밥을 못 먹어서 내가 불안하지만
   옆에 있는 사람이 좋아한다.

지난번에 1번을 선택했고 상대가 서운한 게 걸려 이번에는 2번을 선택하는 게 좋을 것 같다면 샐러드를 함께 먹으면 됩니다.

그럼 나는 샐러드를 선택한 후에 불안하고 힘들고 괴로운가요? 아니면 받아들일 수 없고 좋을 수 있나요? 아닙니다. 받아들일 수 있고 불안하지 않으며 좋습니다. 내가 원해서 내 좋음을 선택한 것이니까요.

이것이 불안한 선택지 앞에서 1. 나에게 선택할 자유를 주고 2. 나에게 지금 행복할 수 있는 선택을 묻고 3. 최선의 선택을 하며 결핍을 채워나가는 방법입니다.

여기서 결핍을 채워나가는 방법은 불안한 마음을 줄이는 방법, 예민함을 줄이는 방법과도 같은 의미입니다.

나는 밥에 대한 결핍이 있어 밥을 못 먹으면 크게 불안했던 사람이고 밥을 먹는 게 내 좋음이었지만 이번에는 상대가 불편해하는 게 마음에 걸려 내가 좋아하는 밥을 먹는 것보다 상대를 배려하는 게 좋음으로 바뀐 것입니다.

이렇게 삶의 좋음은 계속 변해가고 나는 언제든 나의 좋음을 선택할 자유가 있습니다.

자꾸 선택 앞에서 선택할 수 없고 어쩔 수 없다 생각 드는 이유는 2가지입니다.

첫째, 모든 것이 완벽한 최고의 선택지를 기다리느라 선택을 못 하고 있거나
둘째, 좋은 것만 선택하고 싶은 욕심 때문에 그렇습니다.

어떤 선택지도 좋은 것만 있지 않습니다. 세상 존재하는 모든 것에는 양면성이 있고 좋은 것을 선택했다면 그에 따른 안 좋은 면도 따릅니다.
나는 밥을 먹지 못해 괴롭다고 생각하고 선택지가 밥을 먹는 것밖에 없다고 생각하는 건 내 욕심입니다. 최선의 선택지를 선택해 나갈 수 있어야 앞으로 나아갈 수 있습니다.

결핍은 어릴 때 생긴 것입니다. 그래서 결핍이 있는 상황을 만나면

어린아이와 같은 마음이 생깁니다. 원하는 것을 갖고는 싶고 갖기 위해 따르는 노력은 하기 싫은, 좋은 것만 갖고 싶고 거기에 따르는 힘듦과 책임은 지기 싫어하는 아이의 마음은 자신이 가진 결핍 앞에서 나타납니다. 그래서 선택을 하기 어렵습니다.

그럴 때는 마음속의 아이를 엄격하게 대하고 빨리 선택하라고 추궁하는 게 아니라 이해하고 시간을 갖고 무엇을 원하는지 물어봐 주고 주어진 상황에서 선택할 수 있는 자유를 줘 지금의 좋음을 선택해 나가며 상처를 치유해 나가는 것입니다.

선택했는데 물론 나의 좋음이 아닐 수도 있습니다. 그래도 계속 또 다른 행복을 묻고 선택해 나가야 합니다. 선택했는데 아닌 순간에도 인생이 실패한 게 아니기 때문입니다.

다시 내가 좋을 것 같은 걸 선택하면 됩니다. 그렇게 삶은 계속해서 나를 알아가는 과정입니다. 나의 좋음이 무엇인지 알아갈 때 성숙해집니다. 나를 모른 채 살아간다면 행복할 수 없습니다. 하지만 나를 많이 알아갈수록 행동 하나하나에 확신이 생기고 자신감이 생기며 마음을 써야 할 때 쓰고 신경을 꺼야 할 일에 끄게 되면서 점점 나에게 맞는 삶을 살아가게 되며 평온함을 유지하게 됩니다.

하나 더 예를 들어보겠습니다.

이별할지 말지 고민하는 사람이 있습니다. 충분히 노력했지만 상대방이 계속 나를 힘들게 한다면 이별하면 됩니다. 그러나 온전한 사랑을 많이 받아보지 못한 사람은 자신을 힘들게 하는 사람이 주는 작은 사랑을 큰 사랑으로 느끼게 됩니다.

예를 들어 정말 예쁜 옷을 입어보지 못한 사람은 별로 예쁘지 않은 옷을 입어도 그 옷이 예쁘게 느껴집니다. 그래서 나를 힘들게 하는 상대로부터 이별하지 못하고 힘든데도 계속 참을 수 있습니다.

사랑을 받는 것에 대한 결핍이 있는 것입니다. 결핍을 채우는 방법은 나에게 선택할 자유를 주는 것입니다.

1. 이별하면 지금 당장 힘듦에서 벗어날 수 있지만 이별 후
   지금 보다 더 괜찮은 사람을 만나지 못할 거란 불안을
   마주하게 된다.
2. 만나는 사람의 다른 장점을 보고 만난다.
   대신 상대방은 나를 힘들게 한다.

두 가지 예를 든 것입니다. 스스로가 마주한 고민 앞에서 1번의 장점과 단점 2번의 장점과 단점 선택지를 만들면 됩니다.

이렇게 양쪽 선택지에 장단점을 적고 두 개의 선택지 중 내가 조금

더 좋은 최선의 행복을 선택하면 됩니다.

삶은 계속 선택의 연속이며 나는 내 마음대로 선택할 자유가 있습니다. 좋은 것만 선택할 수는 없습니다.

결핍을 채우는 방법은 곧 자존감을 높이는 방법과도 같습니다. 자존감은 내가 나를 좋아하는 마음입니다. 예를 들어 신뢰하고 많이 좋아하는 사람이 있습니다. 누군가 그 사람에 대해 안 좋게 얘기하면 그 얘기가 크게 와닿지 않습니다. 그 사실을 믿지 않고 흔들리지 않습니다. 그러나 싫어하는 사람이 있습니다. 누군가 그 사람을 안 좋게 말하면 그 사람이 더 안 좋게 보이고 그 말이 크게 받아들여집니다. 공감되기 때문입니다.

또 예로 내가 싫어하는 목걸이가 있습니다. 그런데 목걸이를 차고 나갔는데 누가 그 목걸이를 안 좋게 말했어요. 그럼 나는 그 이야기를 떨쳐버리지 못하고 크게 받아들여지고 불안한 마음이 생기고 흔들립니다.

좋아하는 건 좋아하는 만큼 타인의 시선과 말에 흔들리지 않고 주관적인 시선으로 바라볼 수 있게 되고 안 좋게 바라보는 건 타인의 말이 크게 들리고 흔들리게 됩니다.

그래서 내가 나를 어떻게 바라보느냐가 중요합니다.

나를 좋게 바라본다면 타인의 시선과 말에 크게 흔들리지 않습니다. 나를 안 좋게 바라본다면 타인의 시선과 말이 크게 받아들여지기에 크게 의식하게 됩니다. 내가 나를 좋게 바라보는 것이 자존감이 높은 것입니다.

그래서 자존감이 낮으면 타인을 많이 의식하게 되고 자존감이 높으면 많이 신경 쓰지 않게 됩니다. 어떤 부분에서는 전혀 신경 쓰지 않지만 어떤 부분에서 많이 신경 쓴다면 나에게 그 부분은 자존감이 낮은 것이고 결핍을 가지고 있어서 그렇습니다. 그럼 결핍 앞에서 두 가지 선택지를 만들어 다시 좋음을 선택해 나가면 됩니다. 그럼 만족감을 얻을 수 있고 자존감이 올라갑니다.

나의 좋음을 선택한다는 건 내가 좋아하는 것을 해주는 것과 같습니다.

내가 좋아하는 것을 해줄 때 나를 좋아할 수 있습니다.

나를 좋아하는 것이 나를 사랑하는 것이고 나를 사랑하는 것이 자존감을 높이는 것입니다.

자존감이 높은 사람,

나를 사랑하는 사람,

선택에 책임을 지며 자유롭게 사는 사람,

마음처럼 되지 않아도 여유 있게 문제를 풀어나가는 사람,

자주 불안하지 않고 감정 기복이 심하지 않은 사람,

마음의 중심이 있는 사람,

예민한 마음을 다스릴 수 있는 사람,

지난 상처를 치유해 나가는 사람,

만족스러운 인생을 사는 사람,

주위 사람들에게 기대지 않고 혼자 설 수 있는 사람.

모두 같은 말입니다.

나의 좋음을 계속 선택하며 살아가다 보면 미웠던 나일지라도 시간이 지나 점점 내가 좋아집니다. 내가 보기에 좋게 인생이 변하기 때문입니다.

그동안 결핍 앞에서 불안하고 예민해져 힘들었다면 조급해하지 말고 나아가고 싶은 길을 나에게 물어봐 주며 좋음을 선택해 나를 위한 삶을 살아갈 수 있기를 응원합니다. 좋음을 선택해 나아가다 보면 좋은 길이 펼쳐질 거라 믿습니다.

열심히 하면
기회는 찾아오고

꾸준히 하면
변화가 찾아오고

간절하면
인생은 변한다.

인생의 모든 건 변한다.
그러나 어떻게 변해가게 할지는
나의 노력에 달렸다.

노력이 의심되는 날도
노력하기 싫은 날도
노력이 괴로운 날도
노력은 좋은 날을 가져올 수 없다고
믿는 날에도 나는 믿는다.

앞으로 삶은 더 좋아질 거라고.

가야 하는 길이면 가자.
가다 보면 모든 게 좋아져있을 것이다.

고민의 답

초판 1쇄 인쇄 2022년 03월 16일
초판 6쇄 발행 2022년 12월 19일

지은이   글배우
펴낸이   김동혁
편집인   윤수빈
기획팀   서가인
디자인   방하림 서승연
사진   남인근

대표전화   010-7566-1768
출판등록   2019년 8월 19일 제406-2019-000089호
주   소   경기도 파주시 탄현면 헤이리마을길 21-7 3층
전자우편   wjddud0987@naver.com

ISBN   979-11-92237-02-2(03190)